La mediación de Jesucristo

La mediación de Jesucristo
ISBN: 978-1-960761-60-6
Escrito por C. Baxter Kruger
© Dr. C. Baxter Kruger, 2025

Sobre el autor

Baxter lleva 42 años casado con Beth. Tienen cuatro hijos y seis nietos, y viven en Brandon, Mississippi. Se doctoró en el Kings College de la Universidad de Aberdeen (Escocia) con el profesor James. B. Torrance. El Dr. Kruger es autor de 10 libros, incluyendo los bestsellers internacionales, El Regreso a La Cabaña, Conversaciones con San Juan, y su primer pequeño libro, La Parábola del Dios Danzante, numerosos ensayos, y cientos de horas de enseñanza, y una variedad de estudios en línea, todos disponibles en perichoresis.org. El Dr. Kruger ha viajado por el mundo durante 30 años proclamando las buenas nuevas de nuestra inclusión en Jesús y su relación con su Padre en el Espíritu. Le gusta cocinar cangrejos de río, tallar a mano señuelos de pesca, jugar al golf y le encanta pasar tiempo con sus nietos.

Ilustraciones: Grace Golf
Diseño de portada: Tom Carroll, Australia Meridional
Maquetación: Karen Thompson, Australia Occidental
Traducción y edición al español: Marisol Barrera, Colombia

"¡Un ensayo digno de ser clavado en alguna puerta!"
-John Ferguson, MD MRSPych, Gullane, Escocia

"La visión trinitaria de Baxter es una campana que no se puede desencajar".
-Phillip Agassi, Las Vegas, Nevada

"Si las palabras contienen vida, ¡este ensayo es un precioso Río desborda-do! Tómate tu tiempo, lee y relee, hasta que sientas que estas verdades iluminan, avivan e incluso inflaman los lugares profundos de tu corazón y de tu mente."
-Paul Young, autor de La Cabaña, Encrucijada, Eva y Las mentiras que creemos sobre Dios.

"Se necesita pericia para tomar algo complejo y hacerlo lo suficientemente simple para que todo el mundo lo entienda. Al igual que el apóstol Pablo ha hecho en el capítulo 1 de Efesios al darnos la sinopsis de toda su teología en un solo capítulo, Baxter ha hecho lo mismo en La mediación de Jesucristo. Nos ha dado el contexto en el que podemos abordar todas las Escrituras y nuestras propias vidas. Te animo a que lo leas tantas veces como puedas, para que seas transformado".
- Jesudian Silvester, Chennai, India

"En La Mediación de Jesús, el Cristo, Baxter ha condensado el trabajo de su vida en estas páginas. Bajo el ministerio personal de nuestro bendito Es-píritu Santo. Se trata de una cápsula del tiempo con lentes de 6 etapas que permite a cada lector reorientar y transformar su visión del mundo a través de la lente única de nuestra eterna unión indivisible con nuestra familia trinitaria de origen."
-Armando Gutierrez R., HCBT, Buenos Aires, Argentina

"En un golpe maestro de simplicidad y profunda claridad teológica, Baxter Kruger pinta una vez más la coreografía cósmica del Evangelio eterno en hermosos tonos de pura gracia. Lejos de una ficción legal abstracta para apaciguar a una deidad distante, el advenimiento del Hijo Eterno anuncia un barrido de la humanidad en el amor Trino que Jesús ha compartido para siempre con Su Padre en la comunión del Espíritu Santo. Disipando las fala-cias forenses de un Dios de contrato jurídico, Baxter explora la Persona y la obra mediadoras del pacto de Cristo como la agencia unificadora que todo lo abarca y que destroza todas nuestras nociones ilusorias de separación de Dios. Nuestros miedos, nuestro sentido de alienación y nuestros esfuer-zos religiosos orientados al rendimiento dan paso a una alegría indescripti-ble y a un asombro sobrecogedor ante la reveladora luz de que Jesucristo, el creador, sustentador y restaurador de todas las cosas, no vino a rescatarnos de Su Padre, sino para Su Padre. Este Dios-Hombre teantrópico es Él mismo nuestra unión inquebrantable con la Divinidad.

He tenido la increíble bendición de viajar y trabajar estrechamente con Baxter durante la última década y recomiendo encarecidamente beber pro-fundamente de la sabiduría que comparte en esta publicación. La mediación de Jesucristo se nutre de un rico linaje de pensamiento que abarca desde la época patrística hasta la actualidad y constituye un recurso extraordinario para compartir con los demás".

-John Crowder, Los nuevos místicos

"Hace años, estaba sentado en un servicio religioso escuchando al predicador dar el toque de salvación. "Cuando Jesús murió, todos morimos", dijo. "Y cuando Jesús resucitó..." entonces el predicador hizo una pausa, y yo lo observé tratando de hacer cuentas. Mientras el predicador se esforzaba por poner un número a cuántos resucitaron con Jesús, oí las palabras brotar de mi corazón: "toda la creación".

Esas palabras ardieron en mí mientras devoraba el manuscrito de Baxter, y sonreí hasta las lágrimas cuando leí: 'El Mediador encarnado de la Creación murió, y nosotros morimos con él. Él resucitó, nosotros resucitamos. Él ascendió, nosotros ascendimos' Adán, todos nosotros, y toda la creación fueron elevados en renovada unión con el Padre y el Espíritu Santo.'

Él es nuestra unión". Esa frase adorna la primera página de La mediación de Jesucristo. Baxter se refiere a Jesús, por supuesto. Y la unión es la revelación que nos invita a descubrir en cada página. Baxter aborda lo que él (y yo) cree que es el fallo fundamental del cristianismo occidental: la suposición de separación.

Con integridad teológica y asombro infantil, La mediación de Jesucristo desmonta la ilusión de la separación e invita al lector a confiar, esperar y compartir nuestra unión relacional con Jesús. Como escribe Baxter, este libro es una invitación a compartir la vida con Jesús 'en el deleite del 'Espíritu' y en la bendita seguridad del amor y afecto inquebrantables de nuestro 'Padre'.'

La Mediación de Jesucristo es una obra maestra sobre la encarnación".

-Jason Clark, autor de Leaving and Finding Jesus, presentador de 'Rethinking God with Tacos PODCAST'.

La Mediación de Jesucristo representa la vida de Baxter luchando con el inmenso peso de la encarnación. Para Baxter, conocer y ser conocido no es suficiente... él quiere que también conozcas íntimamente al Cristo morador.

-Bill y Davina Winn, pastores Grace Communion Hannover

Contenido

La mediación de Jesucristo

"En aquel día sabréis que Yo estoy en Mi Padre, y vosotros en Mí, y Yo en vosotros".

-Jesús, Juan 14:20

Decir el nombre de Jesucristo bíblicamente, en la tradición de los apóstoles y de la Iglesia primitiva, es decir: 'Hijo eterno del Padre', y es decir: el Ungido en el Espíritu Santo', y es decir: 'el Creador y Sustentador de todas las cosas, encarnado, crucificado, resucitado y ascendido'. Así pues, pronunciar el nombre de Jesucristo es decir: "La Santísima Trinidad, la humanidad caída y la creación rota no están separadas, sino unidas en una relación". Jesús mismo es la relación.

Capítulo 1
Jesucristo: El Mediador de la Creación

Cuando la mayoría de nosotros oímos el nombre de Jesús pensamos en un hombre que vivió, murió en una cruz y resucitó. Según nuestra tradición, Jesús fue y es un hombre real. Vivió, murió, resucitó y ascendió al Padre. Lo que yo llamo nuestro gran punto ciego en Occidente no está tanto aquí, sino en el hecho de que no vemos ninguna *conexión o relación real* entre Jesús y nosotros, y entre lo que le ocurrió en su vida, muerte, resurrección y ascensión, y *nosotros*. Aunque fácilmente asumimos que toda la raza humana cayó en Adán, vemos la muerte de Jesús sólo como un acto de Dios *por* nosotros, pero no como un acto que nos *involucró* a todos nosotros y a toda la creación. Su muerte y resurrección fueron cosas que le sucedieron *a él*, no a nosotros. Sin duda, fueron para nuestro beneficio, pero la humanidad fue espectadora de estos acontecimientos y no está en ningún sentido conectada o relacionada con él en su muerte y resurrección, hasta que hagamos algo para traer a Jesús a nuestras vidas hoy.

Esta *suposición de separación* entre Jesús y nosotros es, en mi opinión, uno de los fallos fundamentales del cristianismo occidental. El punto ciego de la separación engendra y perpetúa una multitud de divisiones "nosotros-ellos", incluidas y especialmente las divisiones religiosas, que están destruyendo nuestras vidas y el planeta. Además, este supuesto convierte necesariamente nuestra fe en un trabajo que hacemos y que nos relaciona con un Jesús ausente, en lugar de un descubrimiento alucinante, liberador y esperanzador de la *realidad* de su unión con nosotros y con toda la creación.

Un Jesús así puede tener mucho sentido para nosotros en nuestra mentalidad individualista, pero yo sostengo que traiciona al

Jesús de los apóstoles y de la Iglesia primitiva. El Jesús apostólico es el Hijo eterno del Padre, y el Ungido en el Espíritu, y es Aquel en quien y por quien y a través de quien todas las cosas fueron creadas y son constantemente sostenidas. Estas tres verdades fundamentales sobre Jesucristo rara vez se han mantenido unidas a la encarnación en el cristianismo occidental. Y el fracaso en este sentido ha alimentado el opresivo infierno racial, relacional, sexual, ecológico, medioambiental, religioso y político y social en el que nos encontramos hoy.

Cuando estas tres realidades-que Jesús es el Hijo eterno del Padre, y Aquel ungido en el Espíritu, y Aquel en quien y a través de quien y por quien todas las cosas fueron creadas y son constantemente sostenidas-se ven juntos y se toman en serio en el Hijo *encarnado*, nos encontramos de repente ante un Jesús que es mucho más grande de lo que nos habíamos atrevido a soñar. Este Jesús es la fuente de toda vida, el mediador de toda existencia, el centro de todo el cosmos, "la Luz del mundo" (Jn 8:12), y la única razón de la existencia continuada de la creación. Él es "el Alfa y la Omega, el primero y el último, el principio y el fin" (Ap 22:13). Este Jesucristo es "Rey de reyes y Señor de señores" (1Tim 6:15; Ap 17:14; 19:16).

Hablar de este Jesús es hablar definitivamente del ser de Dios, pero también de toda la creación y del género humano, y de su relación mutua. En este Hijo encarnado, la vida del Dios uno y trino y de la creación y de toda la humanidad no están separadas, sino unidas en relación, más aún, en unión. Jesús mismo es aquel en quien se originan y sostienen estas relaciones. Él es la unión.

Detrás de esta asombrosa verdad se esconden dos realidades que debemos tomarnos el tiempo de observar con gran atención. En primer lugar, Jesucristo es el Hijo eterno y amado del Padre, que comparte todas las cosas con Él en la comunión del Espíritu Santo. Atanasio, en su tratado *Contra los arrianos*, cita el libro *Thalia* del presbítero Arrio diciendo que "Dios no fue siempre Padre. Era Dios solo y solitario, antes de ser Padre, y después se convirtió en

Padre."[1] Las implicaciones de tal concepción son asombrosas y multidimensionales. No es la menor que nos obliga a buscar la "naturaleza" y el "carácter" de Dios más allá de la bendita Trinidad. En el año 325 d.C. se convocó el Concilio de Nicea para abordar directamente esta cuestión, y se llegó a la conclusión de que la relación del Padre y el Hijo no es creada, sino divina y eterna. Jesucristo no es una criatura, sino "Luz de Luz, Dios verdadero de Dios verdadero, engendrado, no hecho, del mismo ser que el Padre" (*homoousios to Patri*). Esta frase crítica está consagrada en el corazón del Credo Niceno. Para Atanasio nunca hubo un tiempo en que el Padre estuviera sin su Hijo y su Espíritu,[2] existiendo solo como una deidad abstracta, no relacional, unipersonal, simplemente dios y no Padre. Como declaró sin rodeos: "La Santísima Trinidad no es un ser creado".[3] Y como declaró Hilario de Poitiers:

> Recuerdo que el centro mismo de una fe salvadora es la creencia no sólo en Dios, sino en Dios como Padre; no sólo en Cristo, sino en Cristo como Hijo de Dios; en Él, no como criatura, sino como Dios Creador, nacido de Dios.[4]

Estamos ante el hermoso misterio del ser mismo de Dios. Tres personas divinas que habitan completamente la una en la otra en una unidad indivisible, sin pérdida de su personalidad distinta -*pericoresis*-.[5] No hay dimensión del ser divino más profunda, más

---

1 Citado en *Las oraciones de San Atanasio contra los Arrianos* (Londres: Griffith, Farran, Okeden & Welsh, s.f.), I.5. Véase también Thomas F. Torrance, *La Fe Trinitaria* (Edimburgo: T & T Clark, 1988), 116ss.

2 Ibídem, I.11, 17; cf. II.34. Véase también Juan de Damasco, *Exposición de la fe ortodoxa*, I.VIII, en *Una biblioteca selecta de los Padres nicenos y postnicenos de la Iglesia cristiana*, vol. IX, segunda serie (Grand Rapids: Eerdmans, 1983).

3 Ibídem, I.18.

4 San Hilario de Poitiers, *Sobre la Trinidad*, I.17, en *Una biblioteca selecta de los Padres nicenos y postnicenos de la Iglesia cristiana*, segunda serie, IX (Grand Rapids: Eerdmans, 1983).

5 Para más información sobre la Pericoresis, véanse mis conferencias "La luz del mundo: De Jesucristo a la pericóresis y la lógica del cosmos", de la serie "La luz del cosmos", disponible en nuestro sitio web, www.perichoresis.org.Véase también Thomas F. Torrance, *La Doctrina Cristiana de Dios* (Edimburgo: T. & T. Clark, 1996), 168-202, y Jürgen Moltman, *La Trinidad y el Reino de Dios* (Londres: SCM Press, 1981), 174ss.7

allá o antes de la comunión de los Tres bienaventurados, que viven para siempre en unidad y amor indivisibles. Esta relación entre Padre, Hijo y Espíritu no es nueva, no es una mera forma que el Dios oculto e incognoscible asumió durante la encarnación; no comenzó en la mañana de Navidad. Esto es lo que Dios es y siempre ha sido y siempre será . Y esta relación divina forma el vientre de la creación.

En segundo lugar, todo acto de Dios es, por tanto, un acto trinitario, que surge de e implica la relación, la unidad indivisible, del Padre, el Hijo y el Espíritu. Todas las cosas, por tanto, como percibieron y atestiguaron los apóstoles, tienen su origen y existencia no simplemente a través de Dios, sino en y a través de y por el Hijo del Padre, Jesucristo, y en el Espíritu Santo. Porque es imposible que el Padre actúe aislado del Hijo y del Espíritu Santo. La vida trinitaria es amor y acción *indivisibles*.

Detengámonos aquí y tomemos nota del testimonio apostólico de la asombrosa realidad de Jesucristo como Creador y Sustentador de todas las cosas, el Mediador de la Creación. Primero del gran Apóstol Pablo:

> Col 1:15-17. Y Él es la imagen del Dios invisible, el primogénito de toda la creación. Porque en Él fueron creadas todas las cosas, las que hay en los cielos y las que hay en la tierra, visibles e invisibles; sean tronos, sean dominios, sean principados, sean potestades. por Él y para Él. Y Él es antes que todas las cosas, y en Él todas las cosas subsisten.

> 1Cor 8:6. ...pero para nosotros hay un solo Dios, el Padre, de quien proceden todas las cosas, y nosotros existimos por Él; y un solo Señor, Jesucristo, por quien son todas las cosas, y nosotros existimos por Él.

Y ahora del autor de Hebreos y del gran apóstol Juan:

> Heb 1:1-3. Dios, después de haber hablado hace mucho tiempo a los padres en los profetas, en muchas porciones

y de muchas maneras, en estos últimos días nos ha hablado en su Hijo, a quien constituyó heredero de todas las cosas, por quien también hizo el mundo. Y Él es el resplandor de Su gloria y la representación exacta de Su naturaleza, y sostiene todas las cosas por la Palabra de Su poder.

Jn 1:1-4. En el principio era el Verbo, y el Verbo estaba con Dios, y el Verbo era Dios. Él estaba en el principio con Dios. Todas las cosas fueron creadas por Él, y sin Él no fue creado nada de lo que ha sido creado. En Él estaba la vida, y la vida era la luz de los hombres.

Todas las cosas "sin excepción"[6], según la sencilla frase de John Painter, ya sean visibles o invisibles, en los cielos y en la tierra, llegaron a existir y siguen existiendo -para mantenerse unidas, sostenidas, vivificadas, preservadas- en Jesucristo, el Hijo eterno y Ungido del Padre. Me parece de vital importancia reconocer que confesar la Trinidad eterna y a Jesucristo como Creador y Sustentador de todas las cosas -el Mediador de la Creación- significa que antes de la encarnación existe una relación entre el Hijo del Padre, Jesucristo, y toda la creación, incluida toda la raza humana. Una implicación monumental de la identidad de Jesús como Mediador de la Creación es que, antes de nuestra fe y arrepentimiento, o de nuestro bautismo y nuestra participación en la Eucaristía, Jesucristo tiene una relación vital con todos nosotros.

La creación de todas las cosas en y por Jesús no es como un niño que sopla pompas de jabón en el aire. Una vez creadas, las pompas se desprenden de la varita y del niño. El niño podría volver a la casa y ver un dibujo animado en la televisión y las pompas de jabón que creó flotarían independientemente de él. Ya no habría ninguna conexión real entre el niño y las burbujas que creó. Esta no es la visión apostólica de Jesucristo como Creador, pues sigue sosteniéndonos y dando vida a todos. Sin él, las pompas de jabón desaparecerían

---

6 John Painter, "La muerte de Jesús en Juan: Una discusión sobre la tradición, la historia y la teología de Juan", en *La Muerte de Jesús en el Cuarto Evangelio*, editado por G. Van Belle (Lovaina: Prensa Universitaria, 2007), 350. Véase también su "Teología, escatología y el prólogo de Juan", SJT 46.1 (1993), 32

de la existencia.

Cabe destacar aquí algunos comentarios de Atanasio, cuya entera comprensión del Evangelio gira en torno a la relación entre la Palabra eterna de Dios y la creación[7].

> El santo Verbo del Padre, pues, todopoderoso y todo perfecto, uniéndose con el universo y habiendo desplegado en todas partes sus propios poderes, y habiendo iluminado todo, tanto las cosas vistas como las invisibles, las mantiene unidas y las une a sí mismo, no habiendo dejado nada vacío de su propio poder, sino por el contrario vivificando y sosteniendo todas las cosas en todas partes....
> Y para no perder tiempo en la enumeración de detalles, donde la verdad es obvia, no hay nada que sea y tenga lugar que no haya sido hecho y permanezca por Él y a través de Él...[8]

> El Padre es como la Fuente de la existencia, y el Hijo es la Vida que mana de esa Fuente, y por la cual todas las criaturas tienen su principio de vida, y su conservación en ella.[9]

Y debemos señalar algunas declaraciones de Juan Calvino, la primera de cuales procede de su comentario sobre Juan 1:4:

> Hasta ahora nos ha enseñado que todas las cosas fueron creadas por el Verbo de Dios. Ahora le atribuye también la conservación de lo creado, como si dijera que en la creación del mundo su poder no apareció de repente para luego desaparecer, sino que es visible en la permanencia del orden estable y asentado de la naturaleza, como dice Heb 1:3, que sostiene todas las cosas por la Palabra o mandato de su poder... la Palabra de Dios no sólo fue fuente de vida para toda la creación, de modo que lo que

---

7 Véase el cuidadoso estudio de Khaled Anatolios, Atanasio: La Coherencia de su pensamiento (Nueva York: Routledge, 1998).

8 San Atanasio, Contra los paganos, §42, en Una biblioteca selecta de los Padres nicenos y postnicenos de la Iglesia cristiana, segunda serie (Grand Rapids: Eerdmans, 1980); véase también §41, y Sobre la encarnación del Verbo, §3.

9 Oraciones de San Atanasio, III.1.8

aún no existía comenzó a ser, sino que su poder vivificador hace que permanezca en su estado. Porque si su continua inspiración no vivificara el mundo, todo lo que florece sin duda decaería inmediatamente o se reduciría a la nada. En resumen, lo que Pablo atribuye a Dios, que en Él tenemos nuestro ser y nos movemos y vivimos (Hechos 17:28), Juan declara que se realiza por la bendición de la Palabra. Es Dios, por tanto quien nos da la vida; pero lo hace por medio de la Palabra eterna.[10]

Lo mismo dice en su sermón sobre Juan 1:1-5.

Hay dos cosas que debemos considerar adecuadamente. Una, que tenemos principio y vida por medio de esta Palabra. La otra, que somos sostenidos a través de Él -y no sólo nosotros, sino todo el mundo.[11]

...y podemos contemplarle en todas las criaturas, porque Él sustenta todas las cosas...[12]

Y observen lo siguiente de su comentario sobre el Génesis:

Antes, la comunicación directa con Dios era la fuente de la vida para Adán; pero, desde el momento en que se alienó de Dios, fue necesario que recuperara la vida por

---

10 Juan Calvino, El Evangelio según Juan, traducido por T. H. L. Parker, (Grand Rapids: Eerdmans, 1988), 10-11. Para más información sobre la visión de Calvino de Cristo como mediador de la Creación, véase Julie Canlis, La Escalera de Calvino(Grand Rapids: Eerdmans, 2010), 53ss, y Peter Wyatt, Jesucristo y la creación en la teología de Juan Calvino(Eugene: Pickwick, 1996), 55ss. Nótese también el comentario de Calvino sobre Hechos 17:28: "Ahora bien, vemos que todos los que no conocen a Dios no se conocen a sí mismos; porque tienen a Dios presente con ellos no sólo en los excelentes dones de la mente, sino en su misma esencia; porque sólo a Dios pertenece el ser, todas las demás cosas tienen su ser en él. También, aprendemos de este lugar que Dios no creó el mundo una vez que después se apartó de su obra; sino que permanece por su poder..." En Comentario de los Hechos de los Apóstoles (Grand Rapids: Baker Book House, reimpresión 1981), 168-169.

11 Citado en Julie Canlis, La escalera de Calvino, 59.

12 Citado en Canlis, La escalera de Calvino, 71. Nótese el comentario de Calvino sobre Hebreos 11:3: "Ahora bien, los fieles, a quienes ha dado ojos, ven destellos de su , por decirlo así, brillando en cada cosa creada. El mundo fue hecho, sin duda, para ser teatro de la gloria divina". En Comentario a Los Hebreos (Grand Rapids: Baker Book House, reimpresión, 1981).

la muerte de Cristo, de cuya vida vivía entonces.[13]

Siguiendo a los apóstoles y a los primeros líderes como Atanasio, Calvino se esfuerza en señalar que la creación y la existencia continuada de todas las cosas proceden de Jesucristo. No es una novedad, sino que forma parte de los cimientos de la tradición perenne. Jesús es el Mediador de la Creación, no sólo lo fue hace mucho tiempo.

Lo mismo comenta el monje trapense y místico Thomas Merton: "Todas las criaturas, espirituales y materiales, son creadas en, por y a través de Cristo, el Verbo de ... es Él quien las sostiene en el ser. En Él 'se mantienen unidas'. Sin Él se desmoronarían"[14] Y el profesor Colin Gunton escribe: "Existe ya y siempre una relación entre el Hijo de Dios y el mundo, y ahora, singularmente, toma la forma de presencia personal"[15] Y Karl Barth: "El hombre nunca existe en sí mismo... El hombre existe en Jesucristo y sólo en Él"[16].

Incluso esta pequeña colección de citas sobre Jesús como Creador y Sustentador de todas las cosas -el Mediador de la Creación- expone nuestra desastrosa suposición de separación. Parte de la culpa aquí puede recaer en Calvino, quien parece contradecir su propio pensamiento en su famoso comienzo del Libro Tercero de sus *Institutos de la Religión Cristiana*.

En el Libro Segundo Calvino expone su visión de la obra acabada

---

13 Juan Calvino, Comentario sobre el Génesis (Grand Rapids: Baker Book House, reimpresión, 1981), 3:22. Nótese también: "Sin embargo, no estoy insatisfecho con lo que han transmitido algunos de los padres, como Agustín y Eucerio, de que el árbol de la vida era una figura de Cristo, en cuanto que él es el Verbo Eterno: no podía ser de otro modo un símbolo de vida, sino representándolo en figura. Porque debemos mantener lo que se declara en el primer capítulo de , que la vida de todas las cosas estaba incluida en el Verbo, pero especialmente la vida de los hombres, que está unida a la razón y a la inteligencia. Por lo tanto, por este signo, Adán fue amonestado, que no podía reclamar nada para sí mismo como si fuera , a fin de que dependiera totalmente del Hijo de , y no buscara la vida en ninguna parte sino en él." En Comentario sobre el Génesis, 2:9.

14 Thomas Merton, *El hombre nuevo* (Nueva York: Farrar, Straus y Giroux, 1961), 137.

15 Colin Gunton, *La Fe Cristiana* (Oxford: Blackwell, 2002), 98.

16 Karl Barth, *Dogmática de la Iglesia*, (Edimburgo: T&T Clark, reimpresión, 1985), II/1, 149. Véase también III/2, 132ss.

de Cristo, resumiéndola bellamente: "Vemos que toda nuestra salvación, en todas sus partes, está comprendida en Cristo [Hch 4:12]. Por lo tanto, debemos tener cuidado de no derivar la menor porción de ella de ningún otro lugar"[17] Luego abre inmediatamente el Libro Tercero con esta declaración:

> ¿Cómo recibimos los beneficios que el Padre concedió a su Hijo unigénito, no para uso privado de Cristo, sino para que enriqueciera a los hombres pobres y necesitados? En primer lugar, debemos comprender que, mientras Cristo permanezca fuera de nosotros y nosotros estemos separados de Él, todo lo que ha sufrido y hecho por la salvación del género humano sigue siendo inútil y sin valor para nosotros[18].

No es éste el lugar para discutir a fondo lo que Calvino puede o no puede hacer.[19] Pero si tomamos esta afirmación al pie de la letra, se nos dan dos cuestiones. En primer lugar, ¿debemos pensar en Jesús como una especie de "contenedor" aislado, en el que se albergan toda su vida divina y su salvación, desconectado de nosotros y de su creación? ¿Cómo podría ser esto si Jesús es, y no simplemente

---

17 Juan Calvino, *Las Instituciones de la Religión Cristiana*, editado por John T. McNeill y traducido por Ford Lewis Battles (Filadelfia: Westminster, 1960), II.XVI.19.

18 *Institutos*, III.I.1; véase también III.XIV.6. Pero nótese aquí la cuidadosa afirmación de Louis Berkhof: "Los luteranos generalmente tratan la doctrina de la unión mística *antropológicamente*, y por lo tanto la conciben como establecida por la fe... La teología reformada, por otro lado, trata la unión de los creyentes con Cristo *teológicamente*, y como tal hace mucha más justicia a este importante tema. Al hacerlo, emplea el término 'unión mística' en un sentido amplio como la designación no sólo de la unión subjetiva de Cristo y los creyentes, sino también de la unión que se encuentra detrás de ella, que es básica para ella, y de la cual es sólo la expresión culminante, a saber, la unión federal de Cristo y los que son suyos en el consejo de la redención, la unión mística idealmente establecida en ese consejo eterno, y la unión tal como se efectúa objetivamente en la encarnación y la obra redentora de Cristo". *En Teología sistemática* (Grand Rapids: Eerdmans, reimpresión, 1979), p. 447.

19 Para más información, véase Julie Canlis, La Escalera de Calvino; y Peter Wyatt, Jesucristo y la creación en la teología de Juan Calvino. Y véase Karl Barth, Dogmática de la Iglesia (Edimburgo: T. & T. Clark, 1957) II.2, pp. 34-76. Esta sección de Barth versa sobre el fundamento de la doctrina de la elección, pero es más relevante para la cuestión de la mediación de Jesucristo en el pensamiento de Calvino, especialmente las secciones de letra pequeña.

fue, el Mediador de la creación, de modo que todas las cosas derivan continuamente de él, de su existencia y su vida? En segundo lugar, ¿es posible que el Espíritu Santo esté separado de Jesús, que vaya o esté en algún lugar en el que Jesús no esté?

Calvino sugiere, al menos aquí, que hay una relación divisible entre Jesús y el Espíritu, de tal manera que el Espíritu Santo puede venir a nosotros, y obrar en nosotros, tal vez sobre la base de lo que Jesús hizo en su "separación de nosotros", y llevarnos a la fe en Jesús - y sólo entonces estamos unidos a Cristo.[20]

Pero la relación entre Jesús y el Espíritu, como veremos más adelante, y de hecho como ya podemos ver, es una relación indivisible. Por tanto, en lugar de pensar que el Espíritu Santo cruza alguna línea divisoria que Jesús no ha cruzado en su viaje encarnado, a saber, a nuestras tinieblas, y luego nos da la fe para creer -aparte de Jesús- para que podamos unirnos a Cristo y recibir sus beneficios, yo sostengo lo contrario: que el Espíritu Santo acompañó a Jesús a nuestro gran engaño, y así, desde dentro de las tinieblas y, de hecho, desde dentro de nuestras propias almas, el Espíritu Santo da testimonio con nuestros espíritus de la realidad de nuestra unión con Jesús, el Mediador de la Creación, para que podamos creer en este Jesús y experimentar su vida.

Detrás de estas preguntas hay otras más fundamentales. ¿Rompió el Hijo y Ungido eterno su relación con su Padre y el Espíritu Santo al convertirse en ser humano, en una especie de divorcio divino, como si ya no viviera en unión indivisible con ellos? ¿Es bíblico y apostólico pensar en Jesucristo tan aislado del Padre y del Espíritu Santo? ¿Y acaso disolvió su relación con el género humano y con toda la creación en su encarnación, de tal modo que Aquel en

---

20 Nótese aquí el comentario de Louis Berkhof: "...es bastante evidente que no es correcto decir que la unión mística es fruto de la aceptación creyente de Cristo por parte del hombre, como si la fe no fuera una de las bendiciones de la alianza que fluyen hacia nosotros desde la plenitud de Cristo, sino una condición que el hombre debe cumplir parcial o totalmente con sus propias fuerzas, para entrar en relación viva con Jesucristo. La fe es ante todo un don de Dios, y como tal forma parte de los tesoros que están escondidos en Cristo". En *Teología sistemática*, 449.11

quien todas las cosas fueron creadas y se mantienen continuamente abdicó de repente de ese aspecto de su ser? Los pasajes que hemos examinado brevemente, ¿dan alguna base para pensar que la creación existe realmente y sigue existiendo sin el Hijo Creador? Y entonces la pregunta, ¿qué si la vida encarnada, la muerte, la resurrección y la ascensión de este Mediador de la Creación, si no es que la relación que mantiene con toda la creación (que desde nuestro punto de vista se vio debilitada y amenazada por la caída de Adán) está ahora sanada, restaurada, renovada, recreada y asegurada eternamente en él?

Si Jesús no fuera el Hijo eterno del Padre, en y a través de y por quien todas las cosas son creadas y constantemente sostenidas, sería sensato verle como un mero individuo, incluso como un depositario de la gracia, y vernos desconectados de él y ajenos a lo que sucedió. Pero dado que es el Mediador de la Creación, dado que su relación con el Padre y el Espíritu Santo es inquebrantable, y dado que sigue sosteniendo la creación, lo que le sucede tiene implicaciones dramáticas para todo, desde el ser de Dios hasta cada átomo, toda la raza humana y todo el cosmos.

Si fuimos creados en este Hijo Creador y somos vivificados y sostenidos por él, entonces, para bien o para mal, lo que le sucede en su vida encarnada, muerte, resurrección y ascensión, necesariamente nos involucra. ¿Cómo podría ser de otro modo? ¿Cómo podrían la muerte y la resurrección de este Hijo Creador encarnado ser un solo pelo menos trascendentales y cósmicas y universales que el acontecimiento de la creación que él llamó a la existencia? Nótese aquí el comentario de Thomas F. Torrance:

> Puesto que Él es el Verbo eterno de Dios, por quien y a través de quien son hechas todas las cosas que son hechas, y en quien todo el universo de realidades visibles e invisibles se cohesiona y cuelga junto, y puesto que en Él las naturalezas divina y humana están inseparablemente unidas, entonces el secreto de todo hombre, crea o no, está ligado a Jesús, porque es en Él que la existencia contingente

humana ha sido fundada y asegurada.[21]

Como atestiguan los apóstoles, la muerte de este Hijo no fue sólo la muerte de un hombre individual, sino también la muerte de Aquel en quien todas las cosas fueron creadas y se mantienen unidas. ¿Cuál es el significado de la vida, muerte, resurrección y ascensión de este Hijo, sino que en él fuimos crucificados, muertos y sepultados, y fuimos resucitados a una vida nueva y exaltados al abrazo del Padre, y la creación misma fue recreada en él? ¿Cómo podrían el género humano y la creación quedar excluidos de lo que sucedió a este Mediador de la Creación? ¿Cómo podríamos ser meros espectadores del viaje encarnado de este Hijo Creador hacia nuestra oscuridad y pecado? ¿Cómo podríamos concebirlo como un simple hombre individual?

Observe atentamente las palabras del apóstol Pablo en 2 Corintios 5:13-17:

> Porque si estamos fuera de nosotros mismos, es por Dios; si estamos en nuestro sano juicio, es por vosotros. Porque el amor de Cristo nos domina, habiendo concluido esto: que uno murió por todos, luego todos murieron; y Él murió por todos, para que los que viven ya no vivan para sí, sino para Aquel que murió y resucitó por ellos. Por tanto, de ahora en adelante no reconocemos a ningún hombre según la carne; aunque hayamos conocido a Cristo según la carne, ya no lo conocemos así . De modo que si alguno está en Cristo, nueva criatura es; las cosas viejas pasaron; he aquí que han llegado las cosas nuevas.[22]

En este pasaje, Paul Minear expone sucintamente la trascendental visión del apóstol:

> En el contexto de esta afirmación [2 Corintios 5:17] Pablo

---

21 Thomas F. Torrance, *La fe Trinitaria*, 183. Véase "Professor Thomas F. Torrance on Union with Christ: Extractos de *La Escuela de la Fe: El Catecismo de la Iglesia Reformada*" (Londres: James Clarke & Co., 1959) en www.perichoresis.org.
22 Sobre este pasaje véase también Francois du Toit, Biblia de Estudio El Espejo (Mirror Word Pub., 2012)

situó esta transición de lo viejo a lo nuevo en un único punto: la muerte de todos los hombres en la muerte de Cristo por todos, y la vida de todos los hombres por aquel que resucitó por todos. Para el apóstol, lo que ocurrió en Cristo transformó simultáneamente no sólo el estado de la creación, sino también el punto de vista desde el que debe contemplarse esta creación.[23]

Y lee atentamente las palabras de la carta de Pablo a los Efesios, 2:4-7:

Pero Dios, que es rico en misericordia, por el gran amor con que nos amó, aun estando nosotros muertos en nuestras transgresiones, nos dio vida juntamente con Cristo (por gracia habéis sido salvados), nos resucitó con Él y nos sentó con Él en los lugares celestiales en Cristo Jesús, para mostrar en los siglos venideros las sobreabundantes riquezas de su gracia en bondad para con nosotros en Cristo Jesús.

Y esta única y sorprendente afirmación de Colosenses 3:3:

Porque habéis muerto y vuestra vida está escondida con Cristo en Dios.

Y de Romanos 6:6:

...sabiendo esto, que nuestro viejo yo fue crucificado juntamente con él, para que nuestro cuerpo de pecado sea deshecho, a fin de que no seamos más esclavos del pecado.

Y de la primera epístola del apóstol Pedro, 1:3:

---

23 Paul S. Minear, Imágenes de la Iglesia en el Nuevo Testamento (Londres: Lutterworth, 1961), 111. Obsérvese también el comentario de Herman Ridderbos sobre este pasaje: "Se pasa por alto el hecho inequívoco de que en Pablo morir, ser sepultado, etc., con Cristo no tiene su fundamento último en la ceremonia de incorporación a la Iglesia cristiana, sino en haber sido ya incluido en la muerte y resurrección históricas del propio Cristo. De particular importancia es el pronunciamiento de 2 Corintios 5:14ss., donde se hace perceptible una clara transición del "Cristo por nosotros" al "nosotros con [o en] Cristo". ...De aquí se concluye que "haber muerto", "estar en Cristo", "ser nueva creación", el hecho de que los suyos ya no sean juzgados y "conocidos según la carne" (es decir, según el modo mundano de existencia), se ha dado y efectuado con la muerte de Cristo mismo." En Pablo: un bosquejo de su teología (Grand Rapids: Eerdmans, 1975), 59-60.

Bendito sea el Dios y Padre de nuestro Señor Jesucristo, que según su gran misericordia nos ha hecho renacer a una esperanza viva por la resurrección de Jesucristo de entre los muertos...

Como los apóstoles ven que Jesús es el Hijo divino y Creador y Sustentador de todas las cosas -el Mediador de la Creación-, conciben al Hijo encarnado no sólo como un humano real, sino como El Humano, El Último Adán[24] en quien se reúne toda la raza de Adán y la creación. Pues la humanidad del Hijo Creador encarnado es intrínsecamente una "humanidad vicaria omnicomprensiva".[25]

Hace décadas, en los años ochenta, cuando estudiaba teología con el profesor James Torrance, estaba sentado en el aeropuerto de Aberdeen esperando a mi hermano, que venía a visitarnos desde Estados Unidos para jugar al golf.[26] Estaba leyendo el periódico cuando me fijé en un joven moreno de unos treinta años. Estaba nervioso, yendo y viniendo entre la puerta de la terminal y el monitor de llegadas cada cinco minutos más o menos. Al final sonrió, dejó escapar un suspiro de alivio y se relajó, colocándose a unos diez metros delante de las puertas de la terminal, en medio de un grupo de personas.

Cuando dejé el periódico para mirar, las puertas se abrieron de golpe y algunas personas entraron a toda prisa. Después, un flujo constante de gente, algunos corriendo para coger un vuelo, otros sin saber qué camino tomar, otros sonrientes, evidentemente encantados de estar de vuelta en Escocia. La multitud empezó a desaparecer y el padre empezó a mostrarse ansioso. *Entonces ocurrió.* Un niño moreno de unos once años apareció solo en la puerta.

Permaneciendo inmóvil, el chico escrutó a la multitud como un ciervo alarmado. Oí a su padre gritar algo, probablemente el nombre

---

24 Véase Rom 5,12ss; 1Cor 15,20ss y 45-49.

25 J. B. Torrance, *Adoración, comunidad y el Dios Trino de la Gracia* (Downer's Grove: InterVarsity, 1996), 52.

26 Este relato está publicado en C. Baxter Kruger, *El Regreso a La Cabaña* (Nueva York: Faith Words, 2012), 142-144.

de su hijo, pero no podía asegurarlo. Pero el chico oyó la voz de su padre y empezó a correr por el aeropuerto. Me pareció que todo en el aeropuerto iba a cámara lenta, y yo tenía el asiento perfecto para verlo. Los ojos del niño estaban llenos de alegría mientras corría. Su padre se quedó allí de pie con una enorme sonrisa en la cara. Ningún padre o abuelo podría haberlo visto sin llorar.

En un solo movimiento, el niño dejó caer su bolsa y saltó mientras su padre le abrazaba. Se besaron y lloraron. Se rieron. Pero sobre todo se abrazaron. Fue un abrazo sencillo y hermoso. Mirando a través de mis propias lágrimas, oí estas palabras susurradas a mí: "Baxter, Baxter, ahí está el Evangelio. Ahí está la resurrección y la ascensión de mi Hijo que vuelve a casa desde el país lejano. Ahí está nuestro abrazo. Y la buena noticia es que no está solo, te tiene a ti yal mundo entero con él".

Supe al instante que había subestimado seriamente a Jesús. Como típico americano, yo era individualista. Siempre había creído que Jesús era el Hijo de Dios y que se convirtió en un ser humano, pero pensaba en él como un individuo que hizo algo por nosotros. No había visto -aunque el profesor Torrance nos lo decía cincuenta veces al día, en su gran frase "la humanidad vicaria de Cristo"[27]- que en Jesús ocurrió algo no sólo por nosotros, sino a nosotros y con nosotros.[28]

Una de las primeras veces que conté esta historia fue en 1997 en Adelaida (Australia). Al terminar la conferencia tomé asiento en primera fila y Entonces oí a una niña gritar: "Sr. Kruger, Sr. Kruger", mientras corría por el pasillo. Cuando me llamó por mi nombre, se me encogió el corazón, porque supuse que había dicho algo que

27 Véase su ensayo "La humanidad vicaria de Cristo", en La Encarnación, editado por Thomas F. Torrance (Edimburgo: Handsel, 1981), 127ss, y Worship, pp50ss.
28 Obsérvese la afirmación de Thomas F. Torrance de que Jesús "era tan uno con nosotros que, cuando murió, nosotros morimos, porque no murió por sí mismo, sino por nosotros, y no murió solo, sino que nosotros morimos en él como aquellos a quienes había unido inseparablemente a sí mismo por su encarnación. Por eso, cuando resucitó, nosotros resucitamos en él y con él, y cuando se presentó ante la faz del Padre, nos presentó también a nosotros ante Dios, de modo que ya somos aceptados por Dios en él de una vez para siempre ." En Expiación: La Persona y Obra de Jesucristo (Downer's Grove: InterVarsity Press, 2009), 152.

la había disgustado. Se sentó a mi lado llorando. La abracé y le pregunté: "¿Qué te pasa?".

"No pasa nada, Sr. Kruger."

"¿Por qué lloras?" Le pregunté .

"Cuando contaste tu historia del niño en el aeropuerto, el Señor me dio una visión".

"¿Qué has visto?"

"Vi a Dios en un trono, y había escalones por todas partes que hasta él. Y había montones de gente por todos los escalones. Todos intentábamos llegar hasta Dios, pero ninguno lo conseguía; todos estábamos golpeados y cortados, nuestras rodillas estaban ensangrentadas, y todos estábamos agotados, tristes y llorando porque no podíamos llegar hasta Dios."

"Eso es triste", dije. "¿Viste algo más?"

"Entonces vi a Jesús".

"¿Y qué hizo Jesús?"

"Jesús caminó hacia nosotros, nos recogió a todos en sus brazos, subió los escalones y se sentó en el regazo de su Padre".

Nos quedamos un momento en silencio ante la belleza de aquella visión. Le di un beso en la mejilla y le susurré: "Eso es el Evangelio".[29]

Si Jesús fuera el Llanero Solitario o tal vez el Hombre Marlboro, podría cabalgar hacia la puesta de sol y no se levantaría mucho más que un poco de polvo. Pero él es el Creador y el Sustentador de su creación. Lo que ocurra con él no tiene una importancia periférica para su creación, por no hablar de lo que significa para el Padre y el Espíritu Santo, con quienes Jesús es indivisible. Si cabalga hacia el ocaso, se lleva consigo el polvo y el suelo, la tierra y el cielo,

---

29 Obsérvese este comentario de C. S. Lewis: ".... Él baja para volver a subir y traer consigo todo el mundo en ruinas. Uno tiene la imagen de un hombre fuerte que se agacha cada vez más para ponerse debajo de una gran carga complicada. Debe agacharse para poder levantar, casi debe desaparecer bajo la carga antes de que increíblemente enderece su espalda y marche con toda la masa balanceándose sobre sus hombros". En Milagros (Nueva York: Simon and Schuster, 1996), 148. Agradezco a Roger Newell esta referencia. Véase Roger J. Newell, El intelecto sensible: Leyendo la Biblia con C. S. Lewis (Eugene, Oregón: Wipf & Stock, 2010) 33.

el sol y la luna, y todas las pompas de jabón. Si el género humano cayó en un simple hombre llamado Adán, ¿qué fue de nosotros en la vida y muerte del Creador encarnado e Hijo del Padre?[30] Si el Creador muere, la creación no tiene cómo seguir existiendo; si él cae, nosotros caemos. Y esa es la asombrosa verdad que los discípulos de Jesús intentan decirnos.

El Mediador encarnado de la Creación murió, y nosotros morimos con él.[31] Él resucitó, nosotros resucitamos. Él ascendió, nosotros ascendimos: Adán y todos nosotros y toda creación fuimos elevados en renovada unión con el Padre y el Espíritu Santo.[32] Aquí reside la esperanza para todos los que estamos rotos y sabemos que si depende de nosotros conseguir una relación con Jesucristo estamos condenados. Pero Jesucristo, el Hijo y del Padre, el Mediador de la Creación no abandona a su creación. Ha asumido la responsabilidad de su creación y de toda nuestra ceguera destructiva.[33]

---

30 Véase Rom 5,12ss. F. J. Huegel pone estas palabras en boca de Jesús: "El hombre viejo es crucificado; me lo llevo conmigo al sepulcro y, al resucitar yo, sois vosotros los que resucitáis en mí. Cuando asciendo al Trono, sois vosotros los que ascendéis conmigo. Tú eres una nueva creación. A partir de ahora tu vida fluirá de mí y de mi Trono". En El cristiano entronizado (Fort Washington, PA: Cruzada de Literatura Cristiana, s.f.), 59

31 Obsérvese el comentario de Karl Barth: "...Él ha puesto fin a nuestra condición de pecadores y, por tanto, al pecado mismo, al ir a la muerte como Aquel que tomó nuestro lugar de pecadores. En su persona nos ha entregado a los pecadores y al pecado mismo a la destrucción. Nos ha eliminado a nosotros pecadores y al pecado, ha negado, nos ha anulado: a nosotros mismos, a nuestro pecado y a la acusación, condena y perdición que ha alcanzado... El hombre de pecado, el primer Adán, el cosmos alejado de Dios, el 'presente mundo malo' (Gal 1,4) fue tomado y muerto y sepultado en Él y con Él en la cruz". En Dogmática de la Iglesia, traducido por G. W. Bromley (Edimburgo: T&T Clark, 1985), V/1, 253-54.

32 "Con el nacimiento y la resurrección de Jesús, con Jesús mismo, la relación del mundo con Dios se ha alterado drásticamente, pues todo se ha colocado sobre una base enteramente nueva, la gracia incondicional de Dios". En Thomas, F. Torrance, Espacio, tiempo y resurrección (Edimburgo: The Handsel Press, 1976) 34. Nótese también James B. Torrance, "Cuando Jesús nació por nosotros en Belén, fue bautizado por el Espíritu en el río Jordán, sufrió bajo Poncio Pilato, resucitó y ascendió, nuestra humanidad nació de nuevo, fue bautizada por el Espíritu, sufrió, murió, resucitó y ascendió en él, en su humanidad vicaria representativa." En la Adoración, 49-50.

33 Nótese aquí la sorprendente declaración de Jesús momentos antes de volverse hacia la cruz: "Y yo he dado a conocer Tu nombre, y lo daré a conocer; para que el amor con que Tú me amas esté en ellos, y Yo en ellos" (Juan 17:26).

Capítulo 2

El Mediador de la Creación como Cordero de Dios

Para Atanasio, la caída de Adán se entiende como el rechazo directo por parte de Adán del Verbo de Dios (en su unidad indivisible con su Padre y el Espíritu Santo) y, por tanto, de la vida en él. Por supuesto, hay una miríada de consecuencias de tal rechazo, pero el punto principal es que al apartarse del Hijo de Dios, Adán inevitablemente comenzó a retroceder a la no existencia de la que fue llamado a la existencia por el Verbo eterno.[34] Esto forma parte del dilema divino para Atanasio.

> Como, pues, las criaturas que Él había creado razonables, como el Verbo, estaban de hecho pereciendo, y obras tan nobles se encaminaban hacia la ruina, ¿qué debía hacer Dios, siendo bueno? ¿Dejaría que la corrupción y la muerte se salieran con la suya? ...Era imposible, por tanto, que Dios dejara al hombre arrastrado por la corrupción, porque sería impropio e indigno de Él..[35]

La solución, por supuesto, como hemos visto, era la encarnación del propio Hijo Creador. Khaled Anatolios describe el pensamiento de Atanasio de forma sencilla y hermosa: "La respuesta definitiva de Dios a la caída acumulativa de la humanidad es la 'caída' sin pecado de Dios mismo, mediante la encarnación y muerte humana del Verbo".[36]

Pero si el objetivo es la curación y la reconstitución de nuestra

---

34 Este es uno de los puntos principales y repetidos en el libro de Khaled Anatolios Atanasio: La Coherencia de Su Pensamiento, pero véanse especialmente las pp. 30 y ss. Véase también Thomas F. Torrance, La Fe Trinitaria, 100 y ss.

35 San Atanasio sobre la Encarnación, traducido y editado por un religioso de la C.S.M.V. (Londres: A. R. Mowbray, reimpreso en 1963), §6.

36 Khaled Anatolios, Atanasio (Londres: Routledge, 2004), 52

unión con el Verbo, hay que decir algo más sobre la muerte de Jesús. Y dos preguntas concretas son útiles en este sentido. En primer lugar, en todo lo que hemos dicho hasta ahora sobre nuestra muerte, resurrección y ascensión en Jesús, el Creador encarnado, ¿no corremos el peligro de plantear un acto divino extraño, antirrelacional, legal y externo de soberanía abstracta? Gregorio Nacianceno sostenía que "lo no asumido es lo no sanado"[37], por lo que el Hijo debe tomar para sí mismo nuestra humanidad completa (mente, cuerpo y alma) y, de hecho, toda nuestra humanidad caída; de lo contrario, partes de nuestra humanidad rota quedan intactas y al margen de su salvación.

Pero, ¿y nuestra voluntad? No pretendo cuestionar si Jesús tuvo o no voluntad humana; eso ya está decidido. Quiero decir que sin nuestro voto, sin nuestra respuesta voluntaria a Jesús, ¿podemos hablar de unión o incluso de relación real? Sin nuestra participación, ¿en qué sentido estamos realmente incluidos? ¿No corremos el peligro de caer de nuevo en la gastada ficción jurídica del protestantismo, y de retrotraer tal noción a la Iglesia primitiva?

En segundo lugar, ¿por qué era necesaria la cruz? No me refiero a la muerte de Jesús, sino a la cruz. ¿Por qué la ira y la rabia, los golpes, las burlas y los escupitajos? ¿Por qué alzar al Hijo con tanta enemistad y vitriolo? Parecería que lo realmente crítico, para el pensamiento de Atanasio, es que el Creador encarnado muera y sea sepultado, y luego resucite y ascienda al Padre en el Espíritu. Y en el contexto del Día de la Expiación hebrea, lo fundamental era que el Sumo Sacerdote sacrificara al macho cabrío y rociara su sangre sobre el propiciatorio (Lv 16:15). Pero las Escrituras pintan un cuadro diferente de la muerte de Jesús, una escena de terrible odio y amargura hacia él por parte de la humanidad. ¿Por qué esta

---

37 "Porque lo que no ha asumido no lo ha sanado; pero lo que está unido a su Deidad también se salva. Si sólo la mitad de Adán cayó, entonces lo que Cristo asume y salva puede ser también la mitad; pero si toda su naturaleza cayó, debe estar unida a toda la naturaleza de Aquel que fue engendrado, y así salvarse en su totalidad ". En Una biblioteca selecta de los Padres Nicenos y Post-Nicenos de la Iglesia Cristiana, segunda serie, vol. VII (Edimburgo: T&T Clark, 1983), Ep. CI.

acritud venenosa de la humanidad aparece de repente tan destacada en el relato?

Estamos a un paso de un acto asombroso, casi increíble, del genio redentor divino. Porque el Hijo encarnado no sólo murió; murió a nuestras manos. Nosotros le matamos. La raza humana votó; nosotros respondimos. En Caifás y en el Sanedrín, en Judas y en Poncio Pilato, en la cohorte romana y en la policía del Templo, en las multitudes que lo aclamaban, en judíos y gentiles juntos, el género humano ejerció su voluntad y condenó, maldijo y crucificó al Creador encarnado y al Hijo de Dios: cometió deicidio, rechazó y mató a Dios. En total unidad con su Padre y el Espíritu Santo, y como Creador y Sustentador de todas las cosas, el Hijo de Dios se hizo uno de nosotros, y nosotros lo traicionamos con desdén y lo torturamos en nuestra rabia burlona. No fue la ira del Padre la que se derramó sobre Jesús en el Calvario, sino la ira del género humano. Jesús y los Evangelios son claros y rotundos.

Mateo 20:18-19. He aquí subimos a Jerusalén, y el Hijo del Hombre será entregado a los principales sacerdotes y a los escribas, y ellos le condenarán a muerte, y le entregarán a los gentiles para que le escarnezcan, le azoten y le crucifiquen, y al tercer día resucitará .

Marcos 9:31. Porque enseñaba a sus discípulos y les decía: "El Hijo del hombre va a ser entregado en manos de los hombres, y le matarán; y cuando le hayan matado, resucitará a los tres días."

Lucas 18:31-33. Y tomando aparte a los doce, les dijo: He aquí subimos a Jerusalén, y se cumplirán todas las cosas que están escritas por los profetas acerca del Hijo del hombre. Porque será entregado a los gentiles, y será escarnecido, maltratado y escupido; y después de azotarle, le matarán; y al tercer día resucitará ."

Jn 19: 15-18. Por eso gritaban: "¡Fuera, fuera, crucifícale!". Pilato les dijo: "¿A vuestro Rey he de crucificar?". Los sumos sacerdotes respondieron:

"No tenemos más rey que el César". Así que se lo entregó a ellos para que lo crucificaran. Tomaron, pues, a Jesús, y salió llevando su cruz al lugar llamado de la Calavera... Allí le crucificaron...[38]

Hechos 4:27. Porque verdaderamente en esta ciudad se reunieron contra tu santo siervo Jesús, a quien ungiste, tanto Herodes como Poncio Pilato, junto con los gentiles y los pueblos de Israel.

La respuesta, la voluntad, el voto del género humano ante la presencia del Hijo del Padre y Creador encarnado fue condenarlo, y condenarlo con amargura y enemistad, dándole hiel como último trago. Con venenoso desprecio condenamos a nuestro Creador, desterrándolo de nuestra presencia en la colina del Gólgota. La asombrosa entrega del Hijo de Dios para ser despreciado y abandonado por los pecadores y soportar nuestra hostilidad contra Él (Heb 12:3) es la entrada personal de nuestro Creador en nuestra más profunda iniquidad. En asombroso amor el Hijo eterno del Padre encontró su camino hacia la realidad que amenazaba su unión con nosotros, a saber, nuestro rechazo de él.

Al entregarse en manos de hombres malvados, se sometió a nuestra gran oscuridad y rebelión, sufriéndolas personalmente, utilizando así nuestra visión ajena y rebelión y nuestra voluntad de condenarlo como medio para establecer su unión con nosotros *en nuestro pecado.*[39] Soportando el desprecio de la humanidad rota,

---

38 Véase también Mateo 16:21; 26:45; Marcos 8:31; 10:33-34; Lucas 9:44; 24:6-7; Juan 1:10-11; 18:3-6, 12; Hechos 2:23; 2:36; 3:13-15; 4:10; 4:27; Hebreos 12:1-3. Véase también ¿Golpeado por Dios? (Grand Rapids: Eerdmans, 2007), especialmente los ensayos de Brad Jersak, Michael Hardin, Richard Rohr y James Alison. Para mi tratamiento del grito de Jesús, "Dios mío, Dios mío, ¿por qué me has abandonado?", véase mi libro Jesús y la Redención de Adán (Jackson: Perichoresis, 2003), 58ss

39 Para más información sobre mis ideas al respecto, véase "Dios en las manos de los Pecadores Enojados", en Trinidad y Transformación: La visión de J. B. Torrance sobre la adoración, la misión y la sociedad, editado por Todd H. Speidell (Eugene, Oregón: Wipf & Stock, 2016), 92-108. Este ensayo está disponible en la revista en línea Participatio: Revista de la Fraternidad Teológica Thomas F.

Jesús nos encontró y aceptó precisamente en nuestra resistencia y falta de voluntad para venir a él, más aún, en nuestro odio hacia él y hacia su luz reveladora. ¿Qué podría ser más vil? Sin embargo, es precisamente aquí, en este acto de violencia tan vil, donde el Creador, en amor eterno, se convierte en "el Cordero de Dios que quita el pecado del mundo" y, como veremos, en "el que bautiza en el Espíritu Santo" (Jn 1: 29-33).

Cuando Jesús se inclinó para ser sacrificado como cordero inocente por la raza humana, llevó su unidad con su Padre y el Espíritu Santo -y su unión divina pero en peligro con la raza humana- al abismo del gran engaño donde Satanás tiene su dominio. Al hacerlo, Jesucristo, el Creador, nos encuentra en nuestro peor momento, utilizando nuestro amargo rechazo hacia él para unirnos a él para siempre. Así, el Hijo del Creador encarnado, crucificado y resucitado aseguró su unión con nosotros por medio de nuestra incredulidad, borrando de una vez por todas la amenaza de nuestra inexistencia, haciendo que la separación de Él sea una imposibilidad eterna.

Aquí, en la sangre derramada de la sobrecogedora misericordia divina y de la insensata traición humana, el pecado inimaginable y el amor inimaginable se encuentran en una sola Persona.[40] Cuando la raza humana levantó[41] al Hijo golpeado, torturado y rechazado en la cruz, la Santísima Trinidad transformó dramáticamente nuestra traición y asesinato en el Propiciatorio, el lugar donde el amor y la gracia del Dios Trino encontró, aceptó y abrazó a la raza humana caída y apóstata con misericordia eterna. Allí la Santísima Trinidad transfiguró nuestro acto de infidelidad humana en la nueva alianza, y nuestro rechazo del Hijo Ungido en una nueva relación, la unión recreada entre el Dios Trino y la humanidad caída y la creación, para siempre, en Jesucristo.

Al rendirse a nuestra voluntad enfurecida, Jesús, el Mediador

---

Torrance, volumen suplementario 3: "Un homenaje teológico a James B. Torrance", 87-102, y en www.perichoresis.org. Véase también el capítulo 16, "El rechazo del Hijo Ungido", en mi libro El Regreso a La Cabaña, 179-195.

40 Obsérvese aquí Isaías 53:3-6; cf. Hebreos 9:28 y 1 Pedro 2:24.

41 Véase Juan 3:14; 8:28 y 12:32

de la Creación, se convirtió tanto en el gran éxodo, el Cordero que levanta el peso aplastante de nuestra idolatría catastrófica, como en la puerta del cielo, el verdadero Templo donde la vida del Dios Trino acoge y sostiene a la raza humana caída y a toda la creación en su quebrantamiento. Al rendirse a nuestra ceguera descarada y a nuestra voluntad de condenarle y despreciarle hasta el punto de recibir brutales palizas, burlas, escupitajos y crucifixión, Jesucristo, el Mediador de la Creación, se convirtió en el Mediador de la Redención. No en una ficción jurídica, sino vinculándose a nosotros en el amor mediante su asombrosa sumisión a nuestro rechazo.

Aquí estamos ante una renovación de la unión con el Hijo eterno, hecha realidad no por nuestra fe y arrepentimiento, ¡sino por nuestra incredulidad y traición! Tal acto de redención es tan sobrecogedor que está casi más allá del pensamiento, pero es el evangelio mismo. Es a la vez demasiado hermoso y demasiado horrible para las palabras. Porque es un Creador misericordioso y un genio redentor que ama al género humano. Que toda la tierra guarde silencio y sienta la esperanza de su propia existencia, y que nosotros, con corazón solemne y luto en el alma,[42] miremos a Aquel a quien traspasamos. Veamos que nuestro acto corporativo de traición y apostasía no fue una sorpresa para la Santísima Trinidad, sino que fue predestinado como el corazón del gran misterio de la salvación (Hch 2:23; 2 Tim 1:9; Ef 1:3-5).[43]

---

42 Véase Zacarías 12:10; Juan 19:37, y Apocalipsis 1:7.

43 Nótese el sorprendente comentario de Torrance sobre la intensificación del conflicto entre Israel y Dios en la historia de Israel: "Esa intensificación, sin embargo, no debe ser considerada simplemente como un resultado accidental del pacto, sino más bien como algo que Dios deliberadamente tomó en el diseño completo de su actividad reconciliadora, porque era la voluntad y el camino de la gracia de Dios efectuar la reconciliación con el hombre en su peor momento, precisamente en su estado de rebelión contra Dios. Es decir, en su maravillosa sabiduría y amor, elaboró en Israel un camino de reconciliación que no depende del valor de los hombres, sino que hace de su mismo pecado de rebelión contra Él el medio por el cual los une para siempre a Sí mismo y por el cual reconstituye sus relaciones con Él de tal modo que su verdadero fin se realiza plena y perfectamente en la comunión inmaculada con Él". En La Mediación de Cristo (Grand Rapids: Eerdmans, 1983), 38; véase también 42-43; y T. F. Torrance, "Israel y La Encarnación", en Judaica 13 (1957), 6ss.

Capítulo 3

La mediación de Jesucristo y del Espíritu Santo

Puesto que Jesús es el Ungido que comparte el ser y la vida con el Espíritu Santo, es a la vez el Cordero que quita el engaño y su devastación, y el que bautiza en el Espíritu Santo. ¿Hay que considerar al Espíritu Santo como un espectador de la vida encarnada de Jesús? ¿No es Jesús el ungido por el Espíritu? ¿En qué sentido debemos pensar que el Espíritu Santo está ausente o distante de Jesús y de sus sufrimientos a nuestras manos? En unidad indivisible con Jesús en su estancia encarnada en nuestras tinieblas, el Espíritu Santo, según Ireneo, "se acostumbró" a "habitar en el género humano, a descansar con los seres humanos y a habitar en la hechura de Dios"[44] -y no lo hizo como un espíritu aguado, sino como el Espíritu Santo, "el Señor y dador de vida"[45] T. F. Torrance recoge este tema de Ireneo y lo desarrolla.

> Por eso, en la unión de las naturalezas divina y humana en el Hijo, el Espíritu eterno del Dios vivo se ha compuesto, por así decirlo, para habitar con la naturaleza humana, y la naturaleza humana se ha adaptado y acostumbrado a recibir y soportar ese mismo Espíritu Santo.[46]

---

44 San Ireneo, Contra las herejías, en Los Padres Antenicenos, volumen I (Grand Rapids: Eerdmans, reimpresión, 1987), III.17.1; véase también III.20.2; III.18.7; III.19.1; y IV.20.4.

45 Para profundizar en mi pensamiento, véase "Dios en las manos de Pecadores Enojados" y el capítulo 20, "El espíritu de adopción", en El Regreso a La Cabaña, 227 y ss.

46 T. F. Torrance, "Ven, Espíritu Creador", en Teología en Reconstrucción (Grand Rapids: Eerdmans, 1965), 246; véase también Thomas F. Torrance, La Fe Trinitaria (Edimburgo: T. & T. Clark, 1988), 189. Nótese también la afirmación de Torrance: "Vino como el Espíritu que en Jesús ha penetrado en una nueva intimidad con nuestra naturaleza humana, porque vino como el Espíritu en el que Jesús vivió nuestra vida humana de punta a punta, desde el nacimiento hasta la muerte, y más allá hasta la resurrección. Y, por tanto, no vino como Espíritu aislado y desnudo,

El Espíritu Santo no actúa desde una posición de observador del sufrimiento de Jesús y de ausencia para nosotros en nuestra oscuridad, sino desde la unión indivisible con Jesús y su sumisión a nuestro engaño. Es el decidido deleite del Espíritu Santo revelar esta realidad, esta unión, en nosotros, dentro de nuestra propia ceguera. La misión del Espíritu no es crear una relación desde cero entre nosotros y Jesús, como si esa unión no fuera ya realidad en la creación y en nuestro rechazo a nuestro Señor.

> ¿Es la unión espiritual otra unión, una unión adicional a nuestra unión carnal con Cristo, o es una participación en la única unión entre Dios y el hombre realizada en Jesucristo? Esta es una pregunta muy importante, porque si la unión espiritual es una unión adicional, entonces nuestra salvación depende no sólo de la obra terminada de Cristo, sino también de algo más que tiene que ser añadido posteriormente a ella antes de que sea real para nosotros. Esa era de hecho la idea que enseñaban los romanos [católicos romanos], por ejemplo, en su doctrina de la regeneración bautismal y la incorporación sacramental ex opere operato a Cristo, pero es la misma idea que enseñan también los protestantes en su doctrina de la unión con Cristo, que se efectúa por la fe o por la conversión, mediante la cual lo que Cristo hizo por nosotros se hace real. Ambas formas del mismo error conducen a una doctrina de la cooperación del hombre en su propia salvación; y, por lo tanto, implican una doctrina de la gracia condicional.[47]

El Espíritu Santo no viene a nosotros desde fuera, como si el Espíritu sólo estuviera mirando mientras el Hijo se inclinaba ante nuestro odio. El Espíritu Santo fue indivisiblemente uno con Jesús

---

sino como Espíritu cargado con toda la experiencia de Jesús cuando compartió plenamente nuestra naturaleza mortal y nuestra debilidad, y soportó su tentación y dolor y sufrimiento y muerte, y con la experiencia de Jesús cuando luchó y oró, y adoró y obedeció, y derramó su vida en compasión por la humanidad". En "Ven, Espíritu Creador", 246-247.

47 Thomas F. Torrance, La escuela de la Fe (Londres: James Clarke, 1959), cvii.

mientras experimentaba nuestra ira. Y así el Espíritu se mueve no de la ausencia a la presencia, sino de la unión con nosotros, en nuestra oscuridad con y en Jesús, a la obra de revelar esta unión en nosotros en nuestras mentes caídas. En unión con Jesús en su unión con nosotros, el Espíritu Santo viene a nosotros para revelarnos la verdad de todas las verdades: "En aquel día conoceréis que yo estoy en mi Padre, y vosotros en mí, y yo en vosotros" (Juan 14:20). Y así el Espíritu del Padre y del Hijo viene a llevarnos a ver y creer, a reconocer y abrazar a Jesús como nuestro Creador y Señor, como nuestra salvación y vida, la verdadera y única fuente y sentido de nuestra humanidad (Jn 1:3-4).

A medida que el Espíritu nos lleva a descubrir a Jesús mismo dentro de nosotros y dentro de la gran ilusión de la separación, contemplamos a aquel a quien hemos traspasado y nos encontramos con el verdadero Evangelio -la misericordia sin límites del Dios Trino-, que nos conmociona y nos alivia en nuestro orgullo autoencarcelador y en nuestra ansiedad abrumadora. Al hacerlo, el Espíritu nos revela un mundo en el que creer, una realidad que no creamos con nuestra fe, sino que somos llamados a creer que es real. Y al creer esta realidad en Cristo encontramos descanso para nuestras almas (Rom 15:13), y reconocemos la autoridad divina que lucha contra nuestra culpa y vergüenza, nuestro miedo, y nuestro desamparado sentido de inutilidad.

A medida que nos enfrentamos a nuestra condena corporativa de Jesús, y el hecho de que este Hijo es indivisiblemente uno con su Padre, vemos que en el mismo acontecimiento de nuestro vergonzoso rechazo de Jesús, el Padre *no estaba abandonando a Jesús –o a nosotros–*, sino que estaba siendo quien es, el Padre fiel de Jesús y nuestro. Porque "el Dios de todos es bueno y sumamente noble por naturaleza", declaró Atanasio. "Por eso es el amante de la humanidad".[48] En este momento de todos los momentos, mientras

---

48 R. W. Thomson, Athanasio: Contra Gentes and De Incarnatione (Oxford: Clarendon Press, 1971), §41. Nótese también el comentario de Ireneo: "Porque Él es un Señor muy misericordioso y ama al género humano", Contra las herejías, III.18.6.

derramábamos nuestra ira sobre Jesús, nuestro Padre no estaba ausente, sino en Jesús. "Dios estaba en Cristo reconciliando consigo al mundo", como proclamó el apóstol Pablo (2 Cor 5:19). "He aquí que llega la hora, y ya ha llegado, de que seáis dispersados, cada uno a su casa, y me dejéis solo; y sin embargo no estoy solo, porque el Padre está conmigo" (Juan 16:32).

Junto con su Hijo y en su Hijo, nuestro Padre, en su asombrosa misericordia, salía a nuestro encuentro tal como somos en nuestra indecible rebeldía, nos amaba y promulgaba su perdón y, sin duda entre lágrimas eternas, nos abrazaba y nos afirmaba como sus hijos amados. En este sentido, el Padre estaba transformando nuestro diabólico rechazo hacia Jesús en la renovación de su unión eterna con nosotros. Semejante acto de gracia es casi demasiado bueno para ser verdad. Pero es verdad. Emanuel no es una teoría teológica ni una idea abstracta; es una realidad. Dios está con nosotros, y nosotros estamos con Dios en Jesucristo. Y, a medida que descubrimos que el Espíritu Santo era indivisiblemente uno con Jesús mientras se sometía a nosotros en nuestra incredulidad, empezamos a ver que el Espíritu Santo ha convertido nuestras almas traumatizadas y llenas de miedo, nuestros corazones santurrones, ciegos y obstinados, en el mismo Templo donde el Espíritu Santo elige habitar en gracia infinita y alegría creativa, en vida y poder, y dones sin fin.

Al levantarnos contra el Hijo del Padre, nuestro Creador, y apagarlo, ofrecimos sin saberlo -desde el pozo de nuestra apostasía- al único Hijo verdadero y fiel como respuesta al Padre. ¡Qué giro tan asombroso en la historia de la creación y de la redención! En nuestra ceguera catastrófica y nuestro orgullo farisaico, junto con Caifás, el sumo sacerdote, ofrecimos al único y verdadero Hijo. Y lo hicimos por todas las razones equivocadas y sin saber lo que hacíamos. Y la Santísima Trinidad transfiguró nuestro terrible acto de deicidia en nuestra salvación, tal como había sido planeado en la eternidad (Hch 2:23).

El descubrimiento de este Padre y de este Hijo y de este Espíritu Santo en nosotros tiene la autoridad y el peso reales para liberarnos de nuestro autodesprecio y permitirnos, precisamente como pródigos acosados por la culpa, acosados por la vergüenza y quebrantadores de la alianza, ser amados por el Padre mismo. Un Padre así aturde nuestros corazones con su bondad desbordante. Y un Jesús así nos inspira con su asombroso amor y humildad.

Ahora es la era de la revelación y del juicio y, ciertamente, de la ira. Porque la ira del Dios Trino no es lo contrario del amor de la bendita Trinidad; la ira es la oposición ardiente y apasionada del amor Trino a nuestra destrucción. La ira es nuestra salvación en Cristo que nos salva de nosotros mismos. Así, la era del juicio y de la ira es la era de la liberación, en la que el Espíritu Santo actúa revelando a Cristo en nosotros y dándonos pacientemente ojos para ver que Jesús -a través de nuestro rechazo de Él- está ahora unido a nosotros en nuestra alienación. Su "YO SOY" habita ahora en nuestro "YO NO SOY", y nuestro Padre se complace en revelar a su Hijo en nosotros, en nuestra vergüenza, en la alegría del Espíritu Santo (Ga 1:16).

"Cristo en vosotros, esperanza de gloria" (Col 1:27) es la verdad más profunda sobre nosotros y ha de proclamarse como evangelio a todo ser humano sin excepción. Como verdad de todas las verdades, "Cristo en vosotros" es la luz que brilla en las tinieblas, de hecho dentro de nuestra propia subjetividad, convocándonos a tomar partido con Jesús contra la forma en que pensamos, vemos, sentimos y proyectamos -incluso advirtiéndonos que si no lo hacemos, nos condenamos a la miseria de vivir en el gran engaño y su miedo (Juan 12:46; 8:24).

En su unión con nosotros en nuestra oscuridad, y en el Espíritu Santo, Jesús nos convoca a caminar con él. Y nos promete que, cuando lo hagamos, nos conducirá a una experiencia de su Padre en el Espíritu Santo que es totalmente inconcebible para nosotros en este momento, una vida no de soledad y temor y rebelión, atascada en la tristeza y la justicia propia y la religión agotadora, sino una vida de esperanza, de libertad para conocer y ser conocido, para deleitarse y disfrutar. En el Espíritu, Jesús sale a nuestro encuentro dentro del miserable engaño del maligno y su mentira de separación. La presencia de Cristo en nuestro dolor nos llama a permanecer en su amor (Jn 15:9), a aceptar que nos acepta tal como somos, a dejar que su Padre sea nuestro Padre. Su presencia promete que su propio "YO SOY" fluirá como un río de agua viva (Juan 7:38) desde lo más profundo de nuestro ser hasta nuestra destrozada vida de fingimiento.

El mandato de "permanecer en Mí" y la promesa "y daréis mucho fruto" significan que a medida que tomes partido con Jesús en contra de la forma en que ves a su Padre, a ti mismo y a tus enemigos, él te guiará hacia el Shalom del Dios Trino desde dentro hacia fuera.

En lugar de ver a su Padre como el juez severo, que observa ansiosamente cada movimiento que haces desde la distancia infinita de un corazón desaprobador, empiezas a ver al Padre del Hijo como tu propio Padre verdadero que te sostiene en su amor eterno. Y en lugar de verte a ti mismo como un perdedor, un apóstata digno sólo de disgusto, o como el competente que todo lo sabe, empiezas a verte como un hijo muy querido cuyo cada error es asumido por la Santísima Trinidad y redimido. En lugar de concluir que tus enemigos están fuera de Jesús y de su amor, llegas a darte cuenta de que también ellos están incluidos en Él.

El Evangelio no es la noticia de que podemos recibir a Jesucristo en nuestras vidas; el Evangelio es la noticia de que Jesucristo nos ha recibido en su vida.[49] Y el nosotros que ha recibido en su vida no es la versión dominical de nosotros, sino el nosotros ciego y obstinado, el nosotros sin fe y temeroso y aterrorizado. La revelación de Cristo en nosotros, en el Espíritu Santo, despierta así una esperanza casi increíble, incluso cuando expone y desafía nuestra extraña manera de ver. La luz de la unión, revelada en el Espíritu Santo, se enfrenta a las suposiciones de nuestras mentes caídas, la suposición de que estamos separados de Dios y de que nos ha abandonado en justicia, la suposición de que somos indignos de su cuidado y hemos perdido todo derecho a su amor, la suposición de que el Espíritu

---

49 Para más información, véase mi libro A través de todos los mundos: Jesús dentro de nuestra oscuridad (Jackson: Perichoresis Press, 2007)

Santo debe ser temido y evitado a toda costa, y la suposición de que debemos encontrar una manera de cruzar una división desconocida para hacer las cosas bien con Dios antes de estar a salvo.

Capítulo 4
La llamada del Evangelio de Jesús Cristo

Jesús mismo -y todos nosotros en Él, con su Padre y el bendito Espíritu Santo- constituye una revolución cósmica, global y humana que ya ha sucedido y que, por tanto, conlleva necesariamente promesas sobrecogedoras y una llamada liberadora, así como advertencias funestas. Toda la creación y todo ser humano existe y vive en Jesucristo y, por tanto, está convocado a creer en Él y a una metanoia (arrepentimiento) radical, a un cambio fundamental en nuestra manera de ver, de pensar y de creer.

Es aquí, en la revelación de la unión de Jesús con nosotros, y no sin ella, donde aprendemos la naturaleza de la fe y el arrepentimiento verdaderos y la naturaleza del pecado. La fe cristiana no es algo que hacemos con nuestros propios recursos magistrales, independientemente de Jesucristo, que nos transporta a través de alguna división mitológica hacia él. La fe no es un salto a ciegas sin razón, para confiar en algo que esperamos que pueda ser verdad algún día en un futuro lejano. La fe cristiana es, ante todo, el descubrimiento conmocionado e inspirador de Jesucristo.[50] La revelación de Jesús en nosotros y de nosotros en Jesús es la gran alegría del Espíritu Santo. La fe es el fruto de esta revelación; surge en el encuentro real con Jesús. La fe no es una esperanza vacía; es creer en Jesús, que se está revelando en el Espíritu dentro de nuestros propios corazones y dentro de nuestros mundos interiores ajenos de miedo y autojustificación y pretensión. Nuestro creer no crea la unión con Cristo; la fe es creer que la unión es verdadera, confiar en

---

50 Obsérvese aquí la definición de fe de Juan Calvino: "Ahora bien, tendremos una definición correcta de la fe si la llamamos un conocimiento firme y seguro de la benevolencia de Dios hacia nosotros, fundado en la verdad de la promesa libremente dada en Cristo, revelada a nuestras mentes y sellada en nuestros corazones por medio del Espíritu Santo" (Institutos, III.2.7).

el Jesús que encontramos dentro de nosotros.[51]

Pero Jesús nunca está solo. Siempre está con y en su Padre y en el Espíritu Santo. Y así lo que descubrimos y empezamos a creer es que en Jesús nosotros también estamos con y en su Padre en el Espíritu Santo. Pero incluso aquí debemos ir más allá o le robaremos a Jesús y a su Evangelio su seguridad y alegría sobrenaturales. Porque el nosotros que la fe descubre que está en Jesucristo, con y en su Padre y Espíritu Santo, es el nosotros tal como somos, en todo nuestro quebrantamiento y pecado y vergüenza. La fe cree en este sorprendente, inmerecido abrazo trino, que Jesús hizo real y permanente dentro de nuestra oscuridad e incredulidad, nuestra apostasía y traición.[52]

Como tal, esta fe engendra esperanza y la libertad de conocer y ser conocido, de ser amado y amar. Nuestro reconocimiento y confianza en Jesucristo es nuestro amén a su presencia en nosotros (2 Cor 1:20). Este amén implica pasos de bebé, porque es un amén dentro de nuestra propia oscuridad. Ciertamente, hay momentos, quizá incluso temporadas, en las que ese amén en nuestro dolor y ceguera implica un gran riesgo para nosotros, pero nunca es sin Jesús. Detente ahora y hazle a Jesús estas sencillas preguntas: Jesús, ¿estás en mí? Jesús, ¿me has abrazado tu tal como soy? Jesús, ¿soy yo, tal como soy en mi quebrantamiento, el templo donde el Espíritu Santo ha elegido morar?

Vivir por la fe en Jesús es una relación, un viaje que inevitablemente implica "la reordenación divina del mobiliario de nuestros mundos interiores"[53] El arrepentimiento no es un intento interminable de hacernos mejores; el arrepentimiento es el replanteamiento radical de todo lo que creemos saber a la luz de Jesucristo. Pero del mismo modo que no podemos oír nuestros propios acentos, tampoco sabemos dónde está corrompida nuestra propia mente. ¿Cómo podríamos entender lo que necesita ser

51 Véanse las notas 18 y 20.
52 Para más información, véase mi novela Conversaciones con San Juan: Tres días, dos hombres, una conversación extraordinaria (Jackson: Perichoresis Press, 2016).
53 Esta declaración es de mi amigo Paul Golf.

repensado o dónde estamos imponiendo nuestras propias suposiciones caídas sobre Jesús? Sin la luz de Cristo nos quedamos con una comprensión ciega de la ceguera y una visión pecaminosa del pecado (véase Juan 16:8ss). Es la luz de Cristo, brillando en nuestras mentes caídas, la que nos hace conscientes de lo que es caído y retorcido. La revelación de Cristo pone al descubierto nuestros puntos ciegos, y en esos momentos la Santísima Trinidad nos pide que volvamos a confiar y a creer. Tal reconsideración y replanteamiento, que es nuestra liberación de nosotros mismos, y la curación de nuestra subjetividad rota, lleva tiempo. Como Papá le dice a Mackenzie en La Cabaña: "La libertad es un proceso gradual".[54]

> Mackenzie, la Verdad os hará libres y la Verdad tiene un nombre; ahora mismo está en la carpintería cubierto de aserrín. Todo gira en torno a él. Y la libertad es un proceso que ocurre dentro de una relación con él. Entonces todo eso que se te revuelve por dentro empezará a salir.[55]

Nuestro "amén" a la realidad en Cristo conduce naturalmente a aumentar La libertad para experimentar a Jesús mismo y a su Padre en el Espíritu Santo. La fe y el arrepentimiento son inseparables en el proceso de empezar a ver con los ojos de Jesús y aprender a estar de acuerdo con él, para así compartir su paz, su esperanza y su alegría. Nuestros acuerdos con Jesús y nuestra voluntad de cambiar lo que creemos permiten que la vida de Cristo dentro de nosotros se forme en nuestra humanidad. "Y no os conforméis a este mundo, sino transformaos por medio de la renovación de vuestra mente..." (Rom 12:2). Al seguir al Cordero y permitirle que cambie lo que creemos, la vida misma de Jesús con su Padre y el Espíritu Santo, y nada menos, se expresa de manera única en nosotros y a través de nosotros: el reino de la Santísima Trinidad.

De niño me enseñaron que "pecado es cualquier falta de conformidad o transgresión de la Ley de Dios".[56] Si cambiamos "la

---

54 Wm. Paul Young, La Cabaña (Newbury Park: Windblown Media, 2007), 95
55 Ibid.
56 El Catecismo Menor de Westminster y el Libro de Confesiones (Louisville:

Ley de Dios" por "la persona de Jesucristo" tenemos una definición justa. El pecado es cualquier falta de conformidad o transgresión de Jesucristo, siempre que lo que entendamos por Jesucristo incluya la unión que Él ha remodelado, la unión de la creación y la raza humana con su Padre y el Espíritu Santo. En el fondo, el pecado es incredulidad, pero no sólo la incredulidad de la ignorancia. El pecado involucra la voluntad al negarse a creer en este Jesús, y en lo que se hizo de nosotros en él, una resistencia voluntaria a la revelación del Espíritu Santo de Jesús en nosotros y en todos los demás (Juan 9:40-41). Es decir no a los ojos de Cristo e insistir en que nosotros tenemos razón y él está equivocado. El pecado es nuestra exigencia de que Jesucristo cambie sus caminos y se una a los nuestros. El pecado es nuestro llamamiento a Jesús para que se arrepienta y crea en nosotros, y aprenda de nosotros, sobre el mundo real, para que tome partido por nosotros y por la forma en que vemos y percibimos y sentimos y proyectamos, para que cambie la forma en que se ve a sí mismo y a su Padre y al Espíritu Santo, y a nosotros, y a nuestros enemigos.

Ser pecador es rechazar "lo que es" en Jesús, y elegir vivir a nuestra manera y en nuestros propios mundos. Como dijo San Juan a Aidan en la historia de Conversaciones con San Juan: "Cuando no ves lo que es, Aidan, creas algo que puedes ver -en tu imaginación, por supuesto-. Entonces defiendes a capa y espada lo que has creado, porque es lo único que crees que tienes"[57] Una existencia así es el infierno; es una violación de nuestro propio ser y de la realidad de la creación en Jesucristo. El infierno es la forma profundamente retorcida de la existencia humana que toma forma cuando imponemos nuestras voluntades ciegas por encima de la unión de Jesús con nosotros y con su creación. Y el cielo no es un lugar lejano, sino la vida abundante que surge en nosotros cuando nos entregamos a participar en la propia comunión de Jesús con su Padre en el Espíritu Santo (Juan 17:3).

Asamblea General, 1991), Q14.
57 Conversaciones con San Juan, 92-93.

En este Hijo Ungido, el Mediador de la Creación que se convirtió en el Cordero de Dios y que redime y bautiza en el Espíritu Santo, vemos y oímos y llegamos a saber que todos somos uno en Él, que "Cristo es todo y en todos" (Col 3:11), que somos realmente una familia.[58] No se trata de la vieja retórica de "la paternidad de Dios y la fraternidad de los hombres"; es la Luz de la propia existencia de Jesucristo. En él, todos estamos llamados e invitados, y de hecho liberados, a dejar a un lado nuestros prejuicios, mentalidades, juicios, nuestras agendas y políticas, nuestra religión externa y nuestros grandes planes para crear el reino del derecho social. Jesús en nosotros nos llama a no reconocer a nadie según la carne (2Cor 5:17),[59] y a entregarnos a participar, momento a momento, en la relación de Jesús con cada persona, a ver a todos como él, y a amar con su amor.

La existencia misma de Jesús declara al universo: "Ya no hay judío ni griego; no hay esclavo ni libre; no hay varón ni mujer; porque todos vosotros sois uno en Cristo Jesús" (Gal 3:28). Pedro comprendió finalmente esta revolución cuando declaró: "Dios me ha mostrado que no debo llamar a nadie impuro o inmundo" (Hch 10:28). Por tanto, no nos atrevemos a imponer nuestro juicio, nuestras voluntades ciegas o nuestros tontos intentos de ser reyes y reinas sobre su familia y sobre su creación.

En Jesucristo se nos dan ojos para ver a través de la gran oscuridad de la asunción de la separación, junto con su miedo y su juicio, y se nos invita a contemplar la creación como una "vasta zarza ardiente que todo lo abarca",[60] viva con la vida, la gloria y la bondad de la

---

58 Véase Efesios 3:14-15; 4:6; 1 Corintios 8:6.

59 Obsérvese la traducción de Francois du Toit de este versículo. "Ahora, a la luz de tu co- inclusión en su muerte y resurrección, quienquiera que pensaras que eras antes, en Cristo eres una persona completamente nueva. Se acabaron las viejas formas de verte a ti mismo y a los demás. Familiarízate con lo nuevo". En la Biblia de estudio Espejo.

60 Kallistos Ware, "El Dios de los Padres: C. S. Lewis y el Cristianismo Oriental", en La guía del peregrino: C. S. Lewis y el arte de testificar, editado por David Mills (Grand Rapids: Eerdmans, 1998), 62-63. Ware escribe: "Este es el enfoque ortodoxo del reino de la naturaleza. La creación se considera un sacramento de la presencia divina; el cosmos es una zarza ardiente vasta y omnímoda, impregnada del

Santísima Trinidad. La presencia de Jesús en nosotros es un mandato permanente y una invitación a llevarle nuestra manera de ver y a aprender a pensar con su mente (1Cor 2:16), a ver con sus ojos, y buscar y notar, reconocer y honrar y amar y celebrar, la sagrada presencia del Padre, del Hijo y del Espíritu Santo en cada persona, momento y lugar (Mt 25:35ss).

---

fuego de la gloria eterna de Dios".

Capítulo 5
Jesucristo: el Evangelio Eterno

¿Es esta asombrosa unión en Jesucristo entre el Dios Trino y la raza humana caída y la creación rota un pensamiento divino a posteriori? ¿Es la encarnación del Hijo un segundo plan, un ajuste a medias, rápidamente concebido e implementado tras el fracaso del primer plan en Adán? ¿Es Jesús una nota a pie de página de la caída de Adán? ¿Tenemos en la Biblia dos planes de Dios, el uno en Adán y el segundo en Cristo? ¿O no es acaso esta unión sorprendente -esta unión renovada de la Alianza en Jesús- la revelación divina del misterio oculto en el corazón del Padre, del Hijo y del Espíritu Santo desde antes del principio? Jesucristo, el Mediador de la Creación, que en su vida y muerte encarnadas se convirtió en el Mediador de la Redención, es el único, el plan eterno, el prólogo eterno, como sostiene Karl Barth, de toda la actividad divina. "No Dios solo, sino Dios y el hombre juntos constituyen el contenido de la Palabra de Dios atestiguada en la Escritura".[61]

Lea atentamente las siguientes asombrosas declaraciones del apóstol Pablo.

2 Tim 1:8-9. Por tanto, no os avergoncéis del testimonio de nuestro Señor, ni de mí, su prisionero; antes bien, uníos a mí en el sufrimiento por el evangelio, según el poder de Dios, que nos salvó y llamó con llamamiento santo, no conforme a nuestras obras, sino según el propósito suyo y la gracia que nos fue concedida en Cristo Jesús desde toda la eternidad.

Ef 1:3-5. Bendito sea el Dios y Padre de nuestro Señor

---

61 Karl Barth, Dogmática de la Iglesia (Edimburgo: T&T , reimpresión, 1980), I/2, 207; y véase su Dogmática de la Iglesia II/2, 3ss, 34-76, y 94ss; IV/1, 3ss; y IV/2, 31ss.

Jesucristo, que nos ha bendecido con toda bendición espiritual en los lugares celestiales en Cristo, así como nos escogió en Él antes de la fundación del mundo, para que fuésemos santos e irreprensibles delante de Él. En amor nos predestinó ser adoptados hijos suyos por medio de Jesucristo, según la benévola intención de su voluntad.

Desde el punto de vista histórico, la encarnación del Hijo sigue a Abraham, y Abraham sigue a Adán y su caída, ambos después de la creación del cosmos. Pero el apóstol Pablo invierte el orden (véase Juan 8:58).

Coloca a Jesús, el Hijo encarnado, y su unión de nueva alianza con la humanidad y la creación, en primer lugar de la secuencia. Jesús no es una nota a pie de página de Adán y su caída, ni de Israel. La creación misma, junto con Adán y la historia de Israel, son largas notas a pie de página de la encarnación del Hijo eterno. En la mente del apóstol, incluso antes de que Jesús fuera el Mediador de la Creación, ¡ya era el Mediador de la Redención![62] Porque el Hijo encarnado es aquel en quien fuimos elegidos, y por quien fuimos predestinados a la adopción, y en quien se nos concedieron los dones de la gracia y la salvación, antes del tiempo de los siglos, antes de la creación. Este movimiento en la mente de Pablo es un replanteamiento de la historia bíblica, que nos da la verdadera metanarrativa, o el panorama general de la relación divina y humana, y la historia cósmica.

Lo que sucedió en la historia en el Hijo encarnado del Padre -a la humanidad y a la creación- es a la vez el evangelio sobrecogedor que hay que proclamar a todos, y también el desvelamiento divino del plan único y eterno del Dios Trino para toda la creación. "Nos

---

62 Obsérvese aquí el comentario de Markus Barth. "Ya antes de la creación del mundo Dios 'nos eligió en Cristo' (1:4). El encargo cósmico de Cristo de 'englobar todas las cosas bajo una sola cabeza' sólo se menciona más tarde, en 1:10. En Efesios, la función representativa de Cristo para la humanidad y su salvación por Dios no sólo precede al establecimiento de los cimientos del mundo, sino que de hecho ocupa el lugar de cualquier mención explícita de la participación de Cristo en la creación del cielo y de tierra", Markus Barth, Efesios (Nueva York: Doubleday, 1974), p. 109.

dio a conocer el misterio de su voluntad... el conjunto de todas las cosas en Cristo, las que están en los cielos y las que están en la tierra" (Ef 1:9-10). Pablo no dice que Jesús sea la revelación de una de las voluntades de Dios, sino de su única voluntad. ¿Por qué, y sobre qué base, miraríamos más allá de Jesucristo para encontrar otro plan de Dios para la creación, más elevado, más profundo o más secreto? ¿Con qué autoridad hemos introducido otros metarrelatos en el metarrelato simple revelado en la persona de Jesús?

En el ser mismo de Jesús tenemos la revelación divina definitiva desde más allá de nosotros, pero ahora desde dentro de nuestro engaño de separación y su oscuridad. En su identidad encontramos el verdadero canon, la única regla del pensamiento fiel sobre Dios, la creación y la humanidad. Aquí radica lo que T. F. Torrance llama "el significado hermenéutico de *la homoousión*".[63] La unidad de Jesús con su Padre en el Espíritu Santo y su unidad con nosotros en nuestras tinieblas es la única luz que brilla desde Dios en el gran engaño y que puede conducirnos al verdadero conocimiento de Dios y a la curación personal.

La existencia de Jesús en unión con su Padre y con nosotros es "el fundamento y la gramática de la teología",[64] a la vez la única posibilidad de un pensamiento auténtico sobre Dios y la verdadera lógica interna de la comprensión de las relaciones divinas con la humanidad.

Lo que ocurrió en Jesús debe ser, por tanto, el punto de partida de la fe cristiana respecto a cualquier otro pensamiento sobre Dios y el propósito divino de la creación. Su unidad con su Padre y el Espíritu Santo, y su unidad con nosotros en nuestra humanidad en tinieblas y con la creación en su quebrantamiento, forman la

---

63 T. F. Torrance, La Fe Trinitaria (Edimburgo: T. & T. Clark, 1988), pp. 125ss.

64 El profesor J. B. Torrance acuñó esta frase en sus conferencias de Edimburgo y Aberdeen. Véase también Thomas. F. Torrance, El fundamento y la gramática de la teología (Charlottesville: Prensa Universitaria de Virginia, 1980). Obsérvese también el comentario de John Zizioulas: "La cristología es el único punto de partida para una comprensión cristiana de la verdad. La afirmación de Cristo de ser la verdad (Juan 14:6) constituye un presupuesto fundamental para la teología cristiana". En Ser como comunión (Londres: Darton, Longman y Todd, 1985), 67.

realidad no negociable que ignoramos por nuestra cuenta y riesgo. Porque sin la luz de Jesús estamos condenados a "permanecer" (Juan 12:46) perdidos en el cosmos de nuestras propias mentes caídas, perdidos del ser, el carácter y el propósito de Dios, y perdidos de quiénes somos y por qué estamos aquí .

No seguir a Jesús con nuestras mentes teológicas, como sostiene con tanta fuerza Douglas Campbell,[65] no es simplemente un error teológico. "Es un pecado crítico que, en última instancia, provoca la erosión de casi todo lo que es importante".[66]

> Si no afirmamos la absoluta unidad de Jesús con Dios -su unidad completa-, perderemos el control sobre el lugar que Dios ha elegido para revelarse plena y completamente: a saber, en Jesús. Si Jesús no es Dios "hasta el fondo", entonces seguimos perdidos en nuestro propio mundo y en todas sus fantasías e ilusiones; no tenemos contacto directo con Dios. Estamos encerrados en nuestra limitada existencia de criaturas, corrompida aún más por el pecado, y no sabemos cómo es Dios en realidad.[67]

Estas afirmaciones forman un rayo de luz cristológico que expone instantáneamente el defecto fundacional de gran parte del cristianismo occidental. Sólo en Jesucristo la Santísima Trinidad ha creado y sostenido la existencia de la humanidad, y ahora ha renovado su unión con nosotros dentro de nuestro engaño. Esto no es una ocurrencia tardía. Este es el único y eterno plan divino para la humanidad y la creación. O permitimos la unión de Jesús con su Padre y el Espíritu Santo, y con la raza humana y la creación para establecer nuestra agenda teológica y ser la luz, o seguimos perdidos en nuestros propios mundos mitológicos, por mucho que vistamos nuestras ideas con versículos de las Escrituras y jerga filosófica. No existe un lugar neutral en nuestra profunda oscuridad donde podamos evaluar cómodamente las cosas divinas con precisión. Sin Jesús y su

---

65 Véase en particular Douglas A. Campbell, Dogmática Paulina (Grand Rapids: William B. Eerdmans, 2020), pp. 32-48.

66 Ibíd, p. 32.

67 Ibíd, pp. 15-16.

unión con nosotros no tenemos nada que decir sobre Dios que no sea mera especulación, ni forma de saber si nuestras divagaciones podrían ser remotamente ciertas.

Sin embargo, ¿hasta qué punto nos hemos tomado en serio a Jesucristo en nuestra teología? ¿Ha configurado su existencia nuestra comprensión de Dios, del plan divino eterno, de la llamada metanarrativa de nuestra comprensión de la salvación, la curación, la elección, el cielo y el infierno? ¿Cuántos libros cristianos habría que reescribir si resultara que Jesús no es uno con su Padre y uno con nosotros en nuestra oscuridad? ¿No hemos tratado todos la identidad de Jesús -y eso significa Aquel en quien el Padre, el Espíritu Santo, la raza humana y toda la creación están juntos en unión- como una mera opción teológica entre muchas otras igualmente viables?

En dos sencillas afirmaciones, J. B. Torrance ataca el corazón de nuestros males teológicos occidentales.

> El pacto se ha convertido en un contrato, y la gracia de Dios se ha condicionado a la obediencia del hombre.[68]

> El Dios de la Biblia, el Dios y Padre de nuestro Señor Jesucristo es un Dios-pacto, y no un Dios-contrato.[69]

La crítica de Torrance a la teología occidental y a su evangelio es sencilla y devastadora. Hemos condicionado el amor del Padre, del Hijo y del Espíritu Santo a lo que hagamos, y hemos tergiversado el propio Evangelio hasta convertirlo en un contrato que debemos cumplir para que Dios nos acepte y nos conceda sus bendiciones. Torrance pasó su vida analizando cómo se produjo históricamente esta deformación tanto del carácter de Dios como de nuestra comprensión del Evangelio, y ayudándonos a ver las implicaciones de semejante desastre, especialmente en lo que respecta al racismo.

Lea con atención el hermoso resumen de Douglas Campbell

---

68 James B. Torrance, "¿Pacto o contrato?", reimpreso en *Más allá de las perspectivas antiguas y nuevas sobre Pablo*, ed. por Chris Tilling (Eugene, Cascade Books, 2014), p. 267.

69 James B. Torrance, "La contribución de Mcleod Campbell a la Teología Escocesa", reimpreso en *Más allá de las perspectivas antiguas y nuevas sobre Pablo*, p. 291.

sobre el corazón de la visión teológica de J. B. Torrance.

Para James Torrance, una relación de alianza es una relación basada en el amor por el otro y, por tanto, incondicional, permanente e irrevocable. Dado que la base de la relación es precisamente el amor, el actor de la alianza se acerca al otro y establece la relación independientemente de cualquier acción de esa parte. Se trata, por tanto, de un acto incondicional y de gracia, y la relación con el otro es don. El actor del pacto ha "elegido" entrar en la relación y, por tanto, ha tomado la iniciativa. De este modo, el actor también ha actuado "misiológica" y "encarnacionalmente" -en el caso de Dios, literalmente-, desplazándose hasta el lugar donde se encuentra el otro actor y, si es necesario, encontrándose con él allí donde está. Además, una vez establecida esta relación se prolonga en el tiempo de forma irrevocable. Dura tanto como dure el amor del actor de la alianza amorosa, es decir, en el caso de Dios, hasta la eternidad. Por consiguiente, la relación se caracteriza por una lealtad total y una fidelidad inquebrantable.[70]

La visión de Torrance es impresionante por su belleza y esperanza. Observa cómo centra nuestra atención en el amor eterno de Dios por nosotros, un amor divino que para Torrance no comienza con la creación, ni con una decisión divina abstracta, sino que fluye directa y naturalmente de la relación del Padre, el Hijo y el Espíritu Santo. En este amor se puede confiar. "El amor nunca falla", como dice el apóstol Pablo (1Cor 13:8).

Las cuestiones de la condicionalidad del amor y la gracia de Dios, y de la propia presentación del Evangelio fueron planteadas por los Marrow Men en el siglo XVIII en Escocia, y más tarde de forma más aguda por Thomas Erskine, John McLeod Campbell y George MacDonald en el siglo XIX. Todos ellos fueron objeto de un intenso rechazo y condena por parte de la Iglesia escocesa.

---

70 Prof. Douglas A. Campbell, "Pacto o contrato en la interpretación de Pablo" (Participatio: Revista en línea de la Comunidad Teológica T. F. Torrance, págs. 187-188.

En la época de Erskine la cuestión del perdón divino era central. Vio que el Evangelio que se predicaba hacía depender el perdón divino de nuestra fe. El perdón era una oferta en Cristo, una realidad potencial, pero no era real para Dios, ni para la humanidad, hasta que creyéramos en Jesús. En su monumental libro, The *Unconditional Freeness of the Gospel*,[71] Erskine argumentó que la buena nueva del perdón de Dios es un hecho divino que debe proclamarse como tal a todos, sin excepción.

Nunca será retirado. Que creamos o no en el Evangelio no cambia a Dios, ni el hecho del perdón de Dios. Donde se produce el cambio es en nuestra experiencia personal. Creer en la realidad del perdón de nuestro Padre altera radicalmente nuestro mundo interior con una paz y una esperanza que no tienen su origen en nosotros, sino en Dios. Sin la fe en Jesús y su unión con nosotros no hay alivio de la culpa y la vergüenza y la miseria y la locura, todo lo cual impide que la vida de Jesús en nosotros fluya como un río de vida. Pero el amor de nuestro Padre nunca vacila, ni tampoco su perdón.

Además, Erskine observó astutamente que el evangelio condicional, con su Dios condicional, crea una visión de la existencia humana como si estuviera en una prueba divina. Aquí lo mejor es escuchar al propio Erskine en su libro El Orden Espiritual, ya que sus palabras apenas pueden mejorarse.

> ¿Estamos aquí sólo para ser probados y comprobar si andaremos en los caminos de Dios o en nuestros propios caminos? ¿Nos ha creado Dios simplemente para ver qué hacemos, cómo utilizamos los talentos y las oportunidades que se nos dan? ¿Acaso dice: 'Te he dado cierta cantidad de luz y cierto poder para usar esa luz, y veré si eres fiel a esta confianza, y si no, te desecharé'; y concluye esta advertencia diciendo: 'Sé diligente, porque el tiempo

---

71 Véase la nueva edición a cargo de Richard Leimbach (Eugene: Wipf and Stock, 2023). Para una introducción a Erskine, véase Trevor A. Ciervo, Thomas Erskine (Edimburgo: Saint Andrews Press, 1993), y Donald F. Winslow, Thomas Erskine: Defensor del carácter de Dios (Nueva York: University Press of America, 1993), y Don Horrocks, Leyes del orden espiritual: innovación y reconstrucción en la soteriología de Thomas Erskine de Linlathen (Eugene: Wipf & Stock, 2006)

de prueba está limitado a la vida presente; a su término tendrá lugar el juicio, y se dará la recompensa eterna'? ¿Es ésta, repito, una descripción completa de nuestra condición aquí? Ciertamente, nuestra vida se compone de pruebas, a cada paso se nos presenta el bien y el mal y se nos llama a elegir entre ellos, y somos conscientes de que se nos juzga en cada caso según nuestra elección sea correcta o incorrecta. Sería una locura negar esto, o incluso cuestionarlo. Yo no lo niego, pero pregunto si Dios no tiene un propósito que cumplir con toda esta prueba más allá de simplemente probarnos. Y si lo tiene, ¿no debería todo el proceso tomar su nombre de ese propósito más que de los medios por los que se alcanza?

¿Cuál podemos suponer entonces que es Su propósito? ¿No es el desarrollo de todas nuestras capacidades? ¿No es, en una palabra, la educación? ¿No nos está diciendo: "Os he creado para que seáis mis hijos, partícipes de mi propio espíritu, de mi propia justicia, de mi propia bienaventuranza, y os he dado capacidades conformes a este elevado llamamiento, capacidades para comprenderme a mí y a mis propósitos, y de ser Míos en su realización?

Sostengo que la revelación de Dios como Padre implica necesariamente la creencia de que la educación es el propósito con el que Él nos creó, y que la prueba debe estar siempre subordinada a ese fin, y nunca puede ser en sí misma el fin. No puede haber educación sin prueba; pero somos probados para ser educados, no educados para ser probados.

Es evidente que estas dos visiones de la vida humana son, en principio, opuestas entre sí, y conducen a concepciones opuestas del carácter de Dios y de la relación que mantenemos con Él. La característica esencial del amor de un padre es que es inextinguible. Si creo en Dios como Padre justo, cuyo único propósito en todas sus relaciones con el hombre es hacerle partícipe de su propia justicia, para que así pueda ser partícipe de su bienaventuranza, no puedo sino confiar en Él, y sentirme seguro en sus manos, eternamente seguro; y esta confianza abre todo mi ser a Él, y es así esencialmente la única justicia que una criatura puede tener.[72]

¿Realmente Dios contiene la respiración, por así decirlo, esperando en nosotros, para ver si vamos a creer y arrepentirnos adecuadamente antes de decidir si vamos a ser perdonados o no? ¿Acaso la naturaleza divina y eterna de Dios depende de nosotros? ¿Está Dios confundido acerca de quién es, y por lo tanto en suspenso esperando a que nos arrepintamos y creamos para ver lo que será? Tal confusión nunca podría haber surgido sin la pérdida previa de la bendita Trinidad como una realidad significativa en la discusión sobre el ser de Dios.

John McLeod Campbell,[73] que con Erskine y A. J. Scott formó un grupo de reforma teológica en la década de 1820, vio la devastación psicológica del dios condicional y su evangelio del contrato, "si entonces". Si nuestra aceptación con Dios está determinada por algo que hacemos, ya sea fe o arrepentimiento u obediencia, entonces estamos forzados a confiar en nosotros mismos y en nuestras habilidades para cumplir las condiciones perfectamente. El objeto de la fe aquí no es Jesús encontrado en el alma rota, y la realidad del abrazo eterno del Padre en él, sino en nuestra fe y su calidad.

Pero, ¿quién de nosotros ha ido realmente más allá del "Creo, ayuda a mi incredulidad" (Marcos 9:24) y ha cruzado así con éxito la supuesta línea divisoria hacia Jesús, y ha cambiado a Dios? ¿Dónde nos deja eso? ¿Y dónde deja a Dios? Confiar en nosotros

---

72 Thomas Erskine, El Orden Espiritual y Otros Papeles (Edimburgo: Edmonston y Douglas, 1876, 2ª edición), pp. 57-60.

73 Para una introducción a Campbell, véase George M. Tuttle, Un suelo tan rico: John McLeod Campbell sobre la Expiación Cristiana (Edimburgo: The Handsel Press), 1986, y Thomas F. Torrance, Teología escocesa: de John Knox a John McLeod Campbell (Edimburgo: T & T Clark, 1996), pp. 287 y ss.

mismos, y en la veracidad de nuestra propia fe, no es una receta para la seguridad y la esperanza, y ciertamente no para el asombro con su gratitud y alegría por la unión de Jesucristo con nosotros en nuestro pecado. Es el terreno del miedo y del esfuerzo religioso, de la angustia y la depresión, o del orgullo espiritual cuando pensamos que realmente hemos cumplido las condiciones por nosotros mismos, o ambas cosas.

Como pastor, la preocupación de Campbell era que su pueblo recibiera el amor de nuestro Padre con gran alegría. ¿Pero cómo era eso remotamente posible cuando el evangelio mismo era condicional, y el Padre había elegido desde toda la eternidad a algunos para la salvación y destinado a todos los demás a las llamas eternas? ¿Cómo podía la gente sentirse abrumada por el amor incondicional, inquebrantable e implacable del Padre hacia ellos cuando oían que Dios, de hecho, sólo ama a algunos, y que Jesús sólo murió por esos elegidos especiales, y no por toda la raza humana? "En el fondo", escribe J. B. Torrance, "los feligreses de Campbell se sentían torturados por la pregunta: 'Sí, Cristo murió en la cruz para traer el perdón, pero ¿murió por mí? ¿Soy uno de los elegidos? ¿Tengo alguna base para creer que Dios me ama?"[74]

En su obra clásica *La Naturaleza de la expiación*,[75] Campbell expone una visión de la expiación como fruto natural de la encarnación. Aunque no se remonta a antes de la Reforma en su investigación, su obra suena a Ireneo y Atanasio. Como ellos, la visión de Campbell se rige cuidadosamente por la revelación primaria de Dios como Padre, Hijo y Espíritu Santo, y su unidad indivisible, y por su presencia viva en el Hijo encarnado, y por el mayor objetivo del amor divino por la humanidad, a saber, la participación en la relación del Hijo con su Padre. Sustituyó el marco legalista y contractual, con su Dios de corazón dividido, por el amor eterno del Padre, el Hijo y el Espíritu Santo, y el sueño divino de nuestra adopción en Jesús.

---

74 De su "Introducción" a la obra de J. McLeod Campbell, La Naturaleza de la Expiación, (Grand Rapids: Wm. B. Eerdmans Publishing Co.) p. 4.
75 Véase la nota anterior.

Al hacerlo, abrió el camino para ver al propio Hijo encarnado, precisamente en su relación filial no legal con su Padre, como el don del Padre a la humanidad.

En la persona de Jesús hay una limpieza retrospectiva del pecado y la culpa (justificación), y una exaltación prospectiva de la raza humana al abrazo misericordioso y eterno del Padre (adopción).

Para Campbell se deduce que el fruto de creer en este Jesús y en su Padre es un corazón asombrado y exultante ante el amor del Padre. De ahí que la certeza, como sostenía Campbell, y una de las razones oficiales por las que fue condenado por la Iglesia de Escocia, sea la esencia misma de la fe cristiana. ¿Por qué? Porque el Evangelio es la declaración del abrazo eterno del Padre a los pecadores en Jesús. Creerlo es abrir nuestros corazones para ser inundados por la aceptación divina y ser profundamente movidos a amar a cambio.

Nos enfrentamos a muchas de estas preguntas cuando el apóstol Juan simplemente declara: "Dios es amor" (1Jn 4:8, 16). ¿Significa esto que Dios ama siempre, porque el amor es la naturaleza divina, o significa que Dios ama a veces? Si Dios sólo ama a veces, surgen dos preguntas más. En primer lugar, ¿qué hay en Dios más fundamental que el amor? ¿Cuál es la verdad más profunda del ser divino, de la naturaleza divina?.[76] En segundo lugar, ¿qué es lo que pone en marcha el cable del amor divino, por así decirlo? ¿Qué hace que Dios ame? Si el amor de Dios, y el perdón del Padre, y la unión de la Santísima Trinidad con nosotros establecida en Jesús mismo no son hechos reales, divino-humanos, entonces debemos hacer algo para que sean reales. Nos queda a nosotros hacer que Dios nos ame, y encontrar una manera de cerrar el contrato para asegurar el perdón divino. Nos queda a nosotros crear una unión con Jesús para poder compartir su vida. Y cualquier cosa que nos digan que debemos creer o hacer para que las cosas se hagan realidad se convierte en un ídolo "anticristo", destinado a dejarnos ciegos a la

---

76 Para más información, véase mi libro El Regreso a La Cabaña, capítulo 10, "El Amor del Dios Triuno", pp. 116 y ss.

presencia de Jesucristo en nosotros, y por tanto tristes y deprimidos y cínicos. Mientras tanto, somos libres de creer que nuestro ídolo es la verdad, libres de vivir en su esclavitud de cancelación de la vida, y libres de ser impulsados a demostrar que tenemos razón y que todos los demás están equivocados con argumentos.

¿Cuál es, pues, el Evangelio que hay que anunciar al mundo? ¿Cuál es el mensaje del Evangelio? Si crees en Jesús, Dios pasará de ser tu juez a ser tu padre, serás perdonado y podrás ir al cielo cuando mueras". ¿Qué es exactamente lo que le decimos a la gente sobre Jesús en lo que deben creer? La ambigüedad aquí es aterradora y seguramente forma la matriz de la que nacen la duda y el miedo, el esfuerzo y la pretensión, la división y la amargura.

El verdadero Evangelio proclama a las personas, en todas partes y en todo momento, que Jesucristo, como Hijo y Ungido del Padre, se ha abierto camino en sus pecados y vergüenzas y en sus mundos interiores rotos con el perdón y el amor divinos. El verdadero Evangelio proclama a las personas de todas partes y en todo momento que Jesucristo, como Hijo del Padre y Ungido, se ha abierto camino en sus pecados y vergüenzas y en sus mundos interiores rotos con el perdón y el amor divinos. El verdadero evangelio dirige a todos a descubrir la realidad más asombrosa de su universo, que ellos, tal como son en su engaño y fracaso no sólo son amados, sino eternamente encontrados y abrazados por el Padre y el Espíritu en el Hijo encarnado.

La genialidad del best-seller internacional de Paul Young, La Cabaña,[77] radica en el modo en que Young nos enfrenta a todas estas cuestiones sin decir una palabra teológica. Young retrata vívidamente el amor incondicional del Padre, el Hijo y el Espíritu Santo por Mackenzie mucho antes de que éste se arrepienta y crea. De hecho, como la propia cabaña es una metáfora del alma humana, Young sitúa deliberadamente al Padre, al Hijo y al Espíritu Santo dentro del alma rota y entristecida de Mackenzie mientras éste es un incrédulo y odia a Dios. No hay división que cruzar,

---

77 William P. Young, La Cabaña (Newbury Park: Windblown Media, 2007).

ni condiciones que cumplir. El Padre, el Hijo y el Espiritu Santo aman, y en su amor ya se han abierto camino dentro del engaño de Mackenzie y su infierno. Mackenzie es ciertamente libre de seguir revolcándose en su gran tristeza, pero no es libre de poner en marcha el amor del Padre, del Hijo y del Espíritu Santo por él, ni de detener su amor. Y no es libre de su presencia real en su propio mundo interior y oscuro, ni del juicio liberador de su presencia y amor.

Antes de que existieran los mundos, el Padre, el Hijo y el Espíritu Santo nos concibieron en su propio amor eterno. Jesús, en su vida encarnada, muerte, resurrección y ascensión, es la realización viva de ese amor eterno, y su revelación a nosotros. Todo lo que no sea la proclamación libre y sin restricciones de que Jesucristo -el Hijo eterno del Padre y el Ungido en el Espíritu Santo- ha encontrado su camino en el nudoso abismo del engaño y el pecado y la culpa y la vergüenza de todos y cada uno de los seres humanos es una traición a Jesucristo, e indigno del nombre de evangelio.

En sus célebres Sermones no pronunciados, George MacDonald[78] se mostraba de acuerdo con la visión de Erskine del amor del Padre contra cualquier noción de un Dios condicional. "Muchas almas buenas se horrorizarán un día de las cosas que ahora creen de Dios".[79] Y estaba de acuerdo en que todos fuimos creados en Jesucristo como hijos de Dios para ser educados para convertirnos en verdaderos hijos e hijas que piensan y aman con el corazón del Padre en Jesús, y de hecho con la idea de Erskine de que el amor de Dios es un fuego consumidor. Una de las mayores contribuciones de

---

78 George MacDonald, Sermones No Pronunciados, reimpresión (Whitehorn: Johannesen, 1997). Véase mi "Presentando los sermones No Pronunciados de George MacDonald" en la nueva edición de Sermones No Pronunciados publicado por Las obras de George MacDonald, worksofmacdonald.com. Para una introducción al pensamiento de MacDonald, véase Kerry Dearborn, Imaginario Bautista: La Teología de George MacDonald (Londres: Routledge, 2006), y John R. de Jong, La teología de George MacDonald (Eugene: Pickwick Publications, 2019). Para más información sobre la vida de MacDonald, véase Rolland Hein, George MacDonald: Creador de mitos victoriano (Nashville: StarSong Pub. Group), 1993, y Michael R. Phillips, George MacDonald: El narrador predilecto de Escocia (Minneapolis: Bethany House, 1987).
79 "Abnegación" en Serones No Pronunciados, p. 383.

MacDonald fue su capacidad para pararnos en seco y asegurarse de que no pasamos de largo ante una visión tan sobrecogedora, ni dejamos de sentir su juicio liberador y su serio llamamiento a la obediencia. La obediencia, para MacDonald, nunca significa esfuerzo propio, porque Jesús, como el fiel, ya está en nosotros. La obediencia es una respuesta a la presencia de Jesús en nosotros. Significa que debemos entregarnos a compartir el corazón de Jesús, que él comparte con nosotros.

Para MacDonald, el don de Jesús mismo, el Hijo eterno y fiel del Padre, significa ante todo que la vida, la luz, el amor y el corazón sacrificado de la Trinidad, la pureza, la santidad y la justicia, la bondad y la alegría del Padre, del Hijo y del Espíritu Santo -y nada menos- se hagan realidad en nosotros. El Dios y Padre de nunca podría darse por satisfecho con menos que entregándose a los suyos".[80] Y tampoco el Padre estará "satisfecho" hasta que seamos capaces de recibir el don, y seamos plenamente libres para vivir en su abrazo, sin pecado ni sombras ni vergüenza . El hecho de que este don se nos dé en nuestro pecado, "estupidez espiritual"[81] y orgullo egocéntrico, significa que debemos transfigurarnos seriamente para vivir en él.

De ahí que, para MacDonald, el amor incondicional del Padre se convierta inevitablemente en un "fuego consumidor"[82] dentro de nuestras tinieblas. Puesto que nuestro Padre nos ama y ha destinado a una vida tan plena, se opone apasionada y ferozmente a cualquier cosa que nos haga transigir. No es sorprendente que MacDonald aborreciera la idea de la "justicia imputada". "Ruego a Dios que no tenga ninguna justicia imputada a mí".

Que se me considere como el pecador que soy; porque nada servirá a mi necesidad sino ser hecho un hombre justo, que no peque más".[83] Nuestro Padre "está decidido a tener a sus hijos limpios,

---

80 "La vida" en Sermones no pronunciados, p. 301.
81 "La causa de la estupidez espiritual" en Sermones no pronunciados, pp. 205 y ss
82 "Fuego Consumidor" en Sermones no pronunciados, pp. 18 y ss.
83 "Justicia", en Sermones No Pronunciados, pp. 579-580.

claros, puros como la misma nieve".[84] Debemos "crecer claros como el diamante, verdaderos como la luz blanca de la mañana".[85] "No hay cielo con un poco de infierno en él; no hay plan para retener esto o aquello del diablo en nuestros corazones o en nuestros bolsillos. ¡Fuera Satanás, cada pelo y pluma![86] Así, el amor incondicional del Padre expone incondicionalmente nuestra insensatez y nuestro pecado, no con ira o disgusto, venganza o retribución, sino con fidelidad al don de compartir la vida trinitaria que se nos ha dado a todos en Jesús, y con la determinación eterna de que así sea.

El don de Jesucristo en nosotros nos diseccionará y liberará de todo lo que nos impide creer en el amor de su Padre y en la libertad de recibirlo. Pero tal liberación implica nuestros corazones y mentes y voluntades en Cristo. "Si un hombre se niega a salir de su pecado, debe sufrir la venganza de un amor que no sería amor si lo dejara allí"[87] "Porque el amor ama hasta la pureza"[88] "Por eso, todo lo que no es bello en el amado, todo lo que se interpone y no es del tipo del amor, debe ser destruido"[89] Sin embargo, en el fuego consumidor del amor nunca somos deshonrados ni violados. Somos convocados por Jesús en nosotros a entregarnos a él, a caminar con él, a tomar partido con él contra el modo en que vemos. De este modo somos liberados de nuestra oscuridad, orgullo y pecado, y llegamos a conocer y experimentar el amor y la vida, la paz, la alegría y la santidad del Padre, del Hijo y del Espíritu Santo en nuestro propio mundo interior, como un río que fluye para siempre en nosotros y a través de nosotros hacia nuestros vecinos, enemigos y hacia toda la creación.

Apoyados en los hombros de Erskine, Campbell y MacDonald, y Barth, los hermanos Torrance, y Douglas Campbell en nuestros propios días, debemos decir que cualquier predicación que no sea "Cristo en vosotros, la esperanza de gloria", como la verdad divina de

---

84 "El último Centavo" en Sermones No Pronunciados, p. 263.
85 "Abnegación " en Sermones No Pronunciados, p. 373.
86 " El último Centavo" en Sermones No Pronunciados, p. 264.
87 "Luz" en Sermones No Pronunciados, p. 553
88 "Fuego Consumidor" en Sermones No Pronunciados, p.18.
89 Ibíd, pp. 18-19.

todas las verdades, la gran realidad divino-humana establecida en la humanidad del Hijo eterno y su sumisión a nosotros y a nuestro rechazo de él, cualquiera que sea su Supuesto fundamento y comoquiera que se presente, es sencillamente "antievangélico". Porque aleja a la gente de Jesús en ellos como objeto de fe y esperanza, para confiar en sí mismos y en sus propios autoesfuerzos. Y cualquier predicación que declare "Cristo en vosotros, la esperanza de gloria" que no convoque nuestra sumisión total y arrepentida a la unión de Jesús con nosotros como único modo de experimentar su vida, traiciona el amor de nuestro Padre y está condenada a la pretensión.

El género humano no está bajo libertad condicional divina; el género humano vive y se mueve y tiene su ser en unión con Jesucristo, su Padre y el Espíritu Santo. Y este Padre, Hijo y Espíritu Santo, en su eterno compromiso con nosotros, están decididos a que lleguemos a creer en Jesús, y conozcamos la verdad y seamos liberados de todo vestigio de mal y de tinieblas, hasta convertirnos en sacramentos vivientes de la vida y del amor y de la bondad, de la alegría y de la santidad y de la justicia de la Santísima Trinidad. El género humano, unido a Jesucristo, pero profundamente ignorante de esta realidad, está ahora y siempre bajo la tutela personal y la educación del Espíritu Santo. El Espíritu Santo da testimonio con nuestros espíritus de que somos hijos de Dios en Jesucristo, e inspira la proclamación del Evangelio de la unión de Jesús con nosotros en nuestro engaño y pecado como la única realidad que puede liberarnos y sanarnos.

La unión de Jesucristo con nosotros en nuestra rebeldía y caos no se retirará nunca, por fortuna. Y la presencia de Jesús con su Padre y el Espíritu Santo dentro de nuestras tinieblas constituye necesariamente un juicio divino y liberador de toda necedad y fingimiento, que nos convoca e inspira a abandonar nuestra necedad y entregarnos a la participación del propio Jesús. Dentro de nuestras propias almas, Jesucristo es el Evangelio eterno, la luz del mundo, luz que convoca a la esperanza y a la fe, y luz que expone nuestra idolatría y nuestro pecado, no para condenar, sino para liberar. ¿Podría ser que la "vara de hierro" con la que el Señor gobierna las naciones[90] sea la presencia real de Jesús mismo, que fue crucificado por la raza humana, y ahora vive para siempre dentro de nuestras almas rotas? ¿Podría ser que la escatología sea la desgarradora educación histórica de la raza humana, individual y corporativamente, en y a través de la cual la unión de Jesús con nosotros en nuestro engaño llega a la resolución en la eliminación de todo vestigio de oscuridad e incredulidad, por nuestras propias elecciones divinamente educadas, hasta que nos quedamos admirados de Jesús en fe y confianza y adoración maravillada, y su vida bendita con su Padre en el Espíritu Santo es libre de fluir sin obstáculos en y por nosotros y a través de todos nosotros?

---

90 Véase Salmo 2:9; Apocalipsis 2:27; 12:5 y 19:15.

Capítulo 6

Jesucristo y la vocación de la comunidad creyente

Esta creación pertenece a Jesucristo, y el mundo entero está convocado a creer en él. La iglesia cristiana ha de ser la comunidad dentro de la creación, dentro del gran engaño de la separación y del mito de la condicionalidad divina y su caos debilitador, donde el encuentro vivo e inteligente con Jesucristo sea rutina, y donde se permite que brille la luz de su unión con nosotros. Es la comunidad que cree en Jesucristo y está deseosa de que su luz renueve y transforme su mente. Como saben todos los que se han encontrado con el Hijo del Padre en su vergüenza y orgullo, el sello distintivo del encuentro con Jesús es el asombro. ¿Cómo es posible que yo sea tan amado? ¿Cómo puede ser que el Padre sea tan eternamente bueno, y Jesús tan humilde, y el Espíritu Santo tan paciente? Un encuentro así es tan inspirador y esperanzador, que no puede dejar de alcanzar expresión en nuestros rostros y en nuestras vidas. El asombro y la alegría, la maravilla y la gratitud -la adoración- son las señas de identidad de la comunidad que se encuentra con Jesús dentro del gran engaño. Y esta luz habla al mundo que le rodea. Ellos también son amados e incluidos. Y cada persona humana, precisamente porque pertenece a Jesús y a su Padre -y el Espíritu Santo no se calla nada al respecto-, busca secretamente su verdadero hogar en la bendita Trinidad. La revelación de la unidad de Jesús con su Padre y de su unidad con nosotros en nuestro engaño produce una libertad confiada en la comunidad creyente y, de hecho, una determinación ansiosa de poner en tela de juicio toda suposición y agenda, prejuicio y juicio, toda mente y mentalidad y fundamento por la revelación de nuestro Padre en la unión de Jesús con nosotros. Esto no es un lujo, sino el corazón mismo de nuestra vocación y de nuestra vida. La Iglesia cristiana debe estar despierta y alerta a la "presencia real" del Cordero Creador encarnado, no sólo en el sacramento del Bautismo y la celebración de la Eucaristía, o en la predicación del Evangelio, sino en todas partes. En la revelación y el encuentro vivo con Jesucristo, en quien toda la creación y el género humano son abrazados por el Padre y el Espíritu Santo, somos llamados a llevar todas nuestras nociones de Dios, de la creación y de la existencia humana, de la caída de Adán, de la elección y de la escatología y de la salvación, de la fe y del arrepentimiento, de la expiación, y del cielo y del infierno a la Luz de la propia identidad de Jesús, ya sea para ponernos de pie en la alegría o para caer en la vergüenza. Si hay miedo en la auténtica comunidad cristiana debería ser miedo a que impongamos nuestra oscuridad religiosa a los hijos e hijas del Padre en Jesús. No seguir la luz de Jesucristo significa inevitablemente que hemos permitido que otras supuestas luces nos guíen, y así hemos creado un falso evangelio que no tiene vida ni poder, y distrae a la gente de un encuentro con Jesús mismo.

La Iglesia cristiana está llamada a proceder con fe ferviente y alegría, llevando cautivo a Cristo todo pensamiento (2 Co 10:5) y negándose firmemente a comprometer la identidad de Jesús y su significado universal y cósmico. Es el gran privilegio de la Iglesia proclamar el "misterio" divino, "Cristo en vosotros, esperanza de gloria" (Col 1:26-27), a cada persona, y no sólo con palabras correctas, sino con palabras personificadas en el ser y el amor. De ahí que estemos llamados a pensar y vivir las implicaciones de la asombrosa realidad establecida en Jesucristo para cada esfera y disciplina del pensamiento y la vida humanos, desde la teología a la ecología y las relaciones internacionales, desde el pecado y el quebrantamiento humano a la economía, la educación y la sanación, desde la familia a la igualdad y la justicia social y la equidad para todos. No debe dejarse hoja sin remover hasta que las asombrosas implicaciones de la mediación de Jesucristo sean comprendidas y recibidas y vividas con toda alegría y encarnadas en la concreción de nuestras relaciones mutuas y con toda la creación.

En esta vocación, la Iglesia cristiana da testimonio encarnado, dentro de la familia humana y ante los principados y potestades (Ef 3:10), de Jesucristo y de la verdad de todos nosotros en él, hasta que todos sepan que Jesús está en su Padre, nosotros en él y él en nosotros (Jn 14:20), hasta que desaparezca el engaño y el conocimiento de la gloria del Señor cubra la tierra como las aguas cubren el mar (Hab 2:14).

Mientras tanto, estamos bajo el mandato del Mediador actual: "Permaneced en mí" y "Permaneced en mi amor", y bajo la promesa de que al hacerlo "daremos mucho fruto" (Juan 15:1ss). Y estamos bajo la admonición del apóstol Pablo:

> Cuídense de que nadie los engañe por medio de filosofías y vanas sutilezas, según las tradiciones humanas, conforme a los principios elementales del mundo, sino según Cristo. Porque en Él habita corporalmente toda la plenitud de la Deidad, y en Él habéis sido hechos completos, y Él es la cabeza de todo principado y autoridad. Col 2:8-10.

> Oh Timoteo, guarda lo que se te ha encomendado, evitando la palabrería mundana y vacía y los argumentos opuestos de lo que falsamente se llama 'conocimiento', que algunos han profesado y así se han extraviado de la fe. 1Tim 6:20-21.

> Conservad la norma de las sanas palabras que habéis oído de mí, en la fe y el amor que son en Cristo Jesús. Guardad, por medio del Espíritu Santo que mora en nosotros, el tesoro que se os ha confiado. 2Tim 1:13-14.

Debemos estar "vigilantes",[91] como dice Douglas Campbell, para permanecer fieles al evangelio de Dios en Jesucristo. Porque cualquier otra cosa es caer de nuevo en la mente caída, atrapados en el engaño diabólico de la separación, el dios condicional y el falso evangelio y nos dejará en la pretensión religiosa, política y relacional, el vacío y la muerte.

---

91 Véase Dogmática paulina, capítulo "Vigilancia", pp. 32 y ss.

Nada en el cielo ni en la tierra puede deshacer la unión que Jesús recreó con nosotros cuando se convirtió en el Cordero Creador, entregándose a nuestra voluntad de destrucción. Pero en la angustiosa prueba de nuestra educación somos libres para siempre de insistir en imponer nuestra oscuridad a Jesucristo y a su mundo. Podemos luchar contra él y estar en desacuerdo con su presencia y su amor iluminadores. Él nunca romperá los lazos con nosotros, ni se divorciará, ni nos abandonará en nuestra locura; sin embargo, somos libres de pecar, de burlarnos de él, de resistirnos a nuestra propia identidad en unión con él, de inventar dioses y diosas, y de urdir grandes religiones para apaciguarlos y volver a ellos, incluso mientras respiramos aire cristológico y tenemos nuestro propio ser en unión con Jesucristo.

Somos libres de seguir viendo a Jesús con los ojos extraños de la incredulidad y de experimentar el caos de nuestras propias teorías si así lo elegimos. Somos libres de seguir viviendo en nuestros propios mundos, los mundos de la falsa religión y la pretensión, de las ilusiones autogeneradas y grandiosas de significado y propósito, del orgullo egocéntrico y la manipulación, de los celos, la ira y el enojo, del temor, la falta de sentido y la desesperación, de la cancelación invalidante. Pero no somos libres para separarnos del amor de Dios en Cristo Jesús, (Rom 8:38-39)[92] o del eterno amor del Padre que nos abraza en nuestra maldad, o de la elección del Espíritu de habitar con nosotros en nuestra confusión. Y no somos libres para escapar de la realidad o revelación de Cristo en nosotros, o del inevitable y terrible retorcimiento que surge en nuestras almas cuando nos oponemos a él (y que en la gracia del Espíritu Santo se

---

[92] "El hombre puede ciertamente seguir mintiendo (y lo hace); pero no puede hacer de la verdad falsedad. Él ciertamente puede rebelarse (y lo hace); pero no puede lograr nada que anule la elección de Dios. Ciertamente puede huir de Dios (y lo hace); pero no puede escapar de Él. Puede ciertamente odiar a Dios y ser odioso a Dios (y lo hace); pero no puede cambiar en su contrario el amor eterno de Dios que triunfa incluso en su odio. Puede ciertamente entregarse al aislamiento (y lo hace: piensa, quiere y se comporta impíamente, y es impío); pero incluso en su aislamiento debe demostrar aquello que desea controvertir: la imposibilidad de enfrentar al individuo con Dios. Puede desprenderse de Dios, pero Dios no se desprende de él". Karl Barth, Dogmática de la Iglesia, II.2, 317

convertirá, con el tiempo, en una revelación más clara de Cristo en nosotros).

Jesús nunca nos obligará a tomar partido por él, pero por nuestra propia acción ya le hemos arrastrado al más profundo abismo de confusión de nuestras propias almas. Al rechazarlo abrimos la puerta a nuestra gran herida. Al crucificar al Hijo Creador abrimos nuestra alienación a su amor y al abrazo del Padre y a la presencia del Espíritu Santo dentro de nuestra falta de fe. Allí, en el Espíritu Santo, Jesús habla como la Palabra viva de Dios, el hijo de María, el hermano humilde del género humano, la Luz de la vida que brilla en el gran engaño. Allí el Espíritu Santo, que acompañó indivisiblemente al Hijo al lejano país de nuestro asesinato y rabia, grita: "¡Abba! Padre!" (Gal 4:6), dando testimonio con nuestros espíritus de que somos hijos e hijas del Padre, "herederos de Dios y coherederos con Cristo" (Rom 8:17), herederos de la vida Trina.

El Hijo de Dios, en su unión con nosotros, nos convoca en el Espíritu a creer, a confiar, a llorar en la esperanza de su presencia en nosotros, a desprendernos de nuestras suposiciones e ilusiones, prejuicios y juicios, y a compartir la vida con Él en el deleite del Espíritu y en la bendita seguridad del amor y afecto inquebrantables de nuestro Padre. Esta es la lucha de la fe, una lucha entre el creer del mismo Jesucristo dentro de nosotros y nuestro propio creer, entre su mente y la nuestra, entre la revelación de Jesús en nosotros y nuestra suposición de separación de Él. Y es una lucha que debemos entablar personalmente, no para unirnos a Jesús, sino para vivir en y desde su unión con nosotros, para participar con él en el desmantelamiento de nuestra forma ajena de ver. A medida que le escuchamos y cambiamos nuestra manera de creer, su corazón y su alma y su mente, y su propia relación con su Padre y su propia unción en el Espíritu Santo, quedan libres para tener el control de la casa en nosotros, nuestras vidas y relaciones.

Es una "posibilidad infinitamente improbable, imposible"[93] que

---

93 La frase combina con la frase del Dr. Brad Jersak "infinitamente improbable" (https://www.clarion- journal.com/files/david-bentley-harts-that-all-will-be-saved-

finalmente nos resistamos a que Jesús nos encuentre en su amor, a que su testimonio se dirija a nosotros desde el fondo de nuestras propias almas en una esperanza tan hermosa y vivificante en el Espíritu. Pero aunque lo hagamos, y optemos por seguir viviendo en la ilusión de la separación y su miseria en cascada, nunca podremos dejar de ser. Porque es imposible que el Padre, el Hijo y el Espíritu Santo vuelvan atrás en la unión que soñaron en la eternidad y que hicieron realidad para nosotros en la sumisión de Jesús a nosotros en nuestra alienación. Y es imposible que Jesús deje de amarnos en nuestra oscuridad, o que el Espíritu Santo renuncie a darnos ojos para ver la verdad. Es imposible que el Padre se abandone a sí mismo y a nosotros, renunciando a su amor de Padre y retirando su apasionada oposición a nuestra incredulidad y a su infierno.[94]

¿Y qué hay de todos los santos que se asemejan al Hijo Creador y Cordero Ungido encarnado y a su amor abnegado? ¿Acaso nos contentaremos con contemplar cómo nuestros hermanos y hermanas languidecen en el gran engaño? Aquí George MacDonald tiene la última palabra:

> San Pablo se sentiría desdichado ante el trono de Dios, si pensara que hay un solo hombre fuera del alcance de Su misericordia. . . ¿Quién, que ama a su hermano, no se levantaría de la compañía de los bienaventurados, sostenido por el amor de Cristo, y con la vaga esperanza de que en un tiempo lejano pudiera haber alguna ayuda para él, y descendería a las lúgubres regiones de la desesperación, para sentarse con el último, el único irredento, el Judas de

---

--jersak-1.pdf, p.4) con la famosa "posibilidad imposible" de Karl Barth en Dogmática de la Iglesia (Edimburgo: T. & T. Clarke, 1957), II.1.505, y III.3, 86. Hans Urs von Balthasar utiliza la expresión "infinitamente improbable" en ¿Nos atrevemos a esperar que "todos los hombres se salven?" (San Francisco: Ignatius Press, 1988), 219.

94 Nótese aquí el comentario de T. F. Torrance. "Por qué la gente puede querer rechazar el amor de Dios es bastante inexplicable, pero ya sea que crean en Jesucristo como el amor encarnado de Dios o se nieguen a creer en él, el amor de Dios sigue siendo inmutablemente lo que fue y es y siempre será, el amor que se da libremente, sin reservas y sin condiciones a toda humanidad" en La doctrina cristiana de Dios: Un Solo Ser, Tres Personas (Edimburgo: T. &. T. Clark, 1996), 246.

su raza, y ser él mismo más bienaventurado en las penas del infierno que en las glorias del cielo?"[95]

---

95 George MacDonald, "Ama a tu prójimo", en La creación en Cristo: Sermones no pronunciados (Vancouver: Regent College, 1976), 303.

Pasajes clave de las Escrituras

Cristo como luz del mundo

Jn 1:1-4	Jn 8:12	Col 2:8-10	Ef 1:3-5
Ef 3:11	2Tim 1:8-9	Tito 2-3	

Relación Padre-Hijo

Mt 3: 15-17	Mt 11: 27-30	Mt 16: 13-18	Mt 17: 1-5
Mc 1:1.11	Mc 9: 2-8	Lc 9: 28-36	Jn 1,1-3; 18
Jn 3:35	Jn 4:34	Jn 5:19-22, 30	Jn 8:28-29
Jn 10:30, 38	Jn 12:44	Jn 14:1-11	Jn 14:20-30
Jn 16:15-17	Jn 17:5, 10-11, 21		

Espíritu Santo

Mt 3: 15-17	Mc 1:8	Jn 14:16-20	Jn 16: 5-15
Romanos 5:1-5	Rom 8:1-16	Gal 4:1-6	Ef 3:14-21

La unión de Cristo con nosotros

Jn 1:1-3	Jn 14:20	Hechos 17:28	Hebreos 1:1-3
Col 1:16-20	Col 2:9-15	Col 3:1; 4: 11	1Cor 8:1-6
2Cor 5:14-21	Ef 2:1-6	1Pedro 1:3	

La obra consumada de Cristo

Rom 5:12-21	Ef 1:3-14	2Cor 5:14-21	Jn 17:4
Heb 10:11-14			

Afirmaciones

- Jesús es el Hijo eterno del Padre encarnado.
- Jesús es el Ungido en el Espíritu.
- La relación del Padre, el Hijo y el Espíritu no es nueva, sino eterna.
- Dios es eternamente Trino.
- El Creador es el Padre, el Hijo y el Espíritu.
- Todas las cosas fueron creadas y son sostenidas en, por y a través del Hijo.
- El Hijo es el Mediador de la Creación.
- La encarnación del Hijo Creador no disuelve sus relaciones con el Padre y el Espíritu ni sus relaciones con el género humano y toda la creación.
- En la vida, muerte, resurrección y ascensión encarnadas del Hijo Creador - Jesucristo-, todas las cosas y el género humano son elevados en el abrazo del Padre en el Espíritu.
- En Jesús, la vida del Dios Trino, la raza humana caída y la creación rota no están separadas, sino unidas en una unión renovada.
- Jesucristo, Mediador de la Creación, se ha convertido en Mediador de la Redención.
- Esta unión en el Hijo encarnado no es el Plan B. Es el plan del Dios Trino, anterior a la creación y a la caída de Adán.
- Jesús es la luz del mundo, la verdad de todas las verdades, la hermenéutica divina.
- La Iglesia está llamada a tomarse en serio a Jesucristo, repensándolo todo a la luz de su identidad como Hijo eterno y Creador encarnado en quien la Trinidad, la humanidad y la creación no están separadas, sino perfectamente unidas.

Otros libros de C. Baxter Kruger

Conversaciones con San Juan:
Tres días, dos hombres
Una conversación extraordinaria

Cuando Aidan se encuentra lejos de su Mississippi natal, se encuentra inexplicablemente con el apóstol Juan en la isla de Patmos. Abatido por el mundo moderno y desesperado por obtener respuestas que sus años de estudio no han podido satisfacer, Aidan se enfrenta a la asombrosa perspicacia del amado discípulo de Jesús. Ambos entablan un extraordinario diálogo de verdades y mentiras, revelaciones y engaños, penas y alegrías. Segunda edición.

"¡Patmos es una droga de entrada a una teología y una transformación profundas y atractivas!".

WM. PAUL YOUNG
autor del bestseller n°1 del New York Times La Cabaña.

El Regreso a La Cabaña

Millones de personas han visto saciada su hambre espiritual con el bestseller número 1 del New York Times, La Cabaña, de William P. Young, la historia de un hombre que sale de las profundidades de la desesperación gracias a su encuentro con Dios Padre, Dios Hijo y Dios Espíritu Santo, que cambió su vida.

C. Baxter Kruger, a través de El Regreso a La Cabaña, guía a los lectores hacia una comprensión más profunda de estas tres personas para ayudarles a tener una conexión más profunda con el mensaje central de La Cabaña: que Dios es amor.

"Baxter Kruger dejará atónitos a los lectores con su singular cruce de brillantez intelectual y genio creativo mientras les adentra en la maravilla, la adoración y la posibilidad que es el mundo de La Cabaña".

WM. PAUL YOUNG
Autor de La cabaña y Eva

A través de todos los mundos
Jesús en nuestras tinieblas

Basándose en la visión de Jesús que tenía la Iglesia primitiva, en A través de todos los mundos, Baxter Kruger nos enfrenta cara a cara con el asombroso hecho de que Jesús ha establecido una relación muy real y personal con nosotros en nuestra oscuridad. Jesús está presente, no ausente, y está presente con y en nosotros tal como somos, no como fingimos ser el domingo por la mañana, en los mismos lugares donde nos avergonzamos de nosotros mismos y donde se esconden nuestros demonios. Porque Jesús se niega a ser el Hijo del Padre y el Ungido en el Espíritu Santo sin nosotros, y el nosotros que se niega a dejar atrás es el nosotros roto, el nosotros obstinado, el nosotros ciego que se esconde. Nos espera un viaje salvaje y liberador, pero Jesús no nos dejará marchar hasta que veamos lo que Él ve, sepamos lo que Él sabe, sintamos lo que Él siente y vivamos en Su libertad.

"A través de todos los mundos es un libro magnífico que recomendaré ..".

PROFESOR ALAN J. TORRENCE
St. Andrews Escocia

La Gran Danza:
La visión cristiana revisitada

De la maternidad al béisbol, de las relaciones y la música al golf y la jardinería, Kruger muestra cómo nuestra existencia humana debe entenderse como participación en la vida del Padre, del Hijo y del Espíritu. Paso a paso, Kruger nos guía a través de las estratagemas del mal y de las barbaridades que hacemos de nuestras vidas. Y lo que es más importante, explica por qué nos duele, qué buscamos realmente y cómo llegar a ello, y por qué la fe Jesucristo es tan crítica para la vida abundante.

Escrita con ritmo, poesía y gracia, La Gran Danza es la voz de la antigua Iglesia que nos habla a través de los tiempos por medio de la pluma de un sureño que ama la vida. Es teología en su máxima expresión: arraigada en la tradición, pero desconocida y emocionante, incluso revolucionaria; profundamente personal y honesta, pero universalmente relevante.

Jesús y la Redención deAdán

En Jesús y la Redención de Adán, el Dr. C Bax-ter Kruger apunta a lo que considera el pecado de todos los pecados en la Iglesia Occidental. Si usted es un creyente de la Biblia pero se siente incómo-do con las ideas de que nuestro Padre tuvo que ser aplacado para aceptarnos, y que el sufrimiento de Jesús en la cruz fue de Su Padre, entonces este libro es para usted. Conciso, claro, rigurosamente argu-mentado y convincente, Jesús y la redención de Adán ofrece una visión bíblica e inspiradora de la muerte de Jesús como un sacrificio del Padre, del Hijo y el Espíritu en completa unidad alcanzándonos en nuestra gran oscu-ridad. Incluye una exposición del Sal 22:1, "Dios mío, Dios mío, por qué me has abandonado?", y un sermón sobre el Viernes Santo.

"La teología es un vehículo creado para explorar la maravilla y las profundi-dades de Dios con nosotros. Lamentablemente, muchos de los que con-ducen los vehículos tienden a tomar los mismos caminos seguros, en sus sedanes económicos demasiado familiares. Afortunadamente, de vez en cuando aparece un aventurero que, eligiendo obedientemente aban-donar la carretera principal, nos conduce a los profundos y vastos misterios del glorioso Dios trino. Baxter Kruger es precisamente un aventurero así, y Jesús y la redención de Adán es su último transporte todo terreno; me he beneficiado enormemente del viaje".

GLEN SODERHOLM
Pastor, cantautor, Toronto, Canadá

Dios está a Nuestro Favor

Secuela de la breve pero internacionalmente acla-mada Parábola del Dios bailarín de Baxter, Dios es para nosotros nos adentra en el corazón del Evangelio. Este libro se compone de cinco con-ferencias excepcionales, claras y accesibles, pero, como de costumbre, desafiantes. El Dr. Kruger es un hijo de Occidente que patalea contra el aguijón de lo que muchos saben que no puede ser la ver-dad. El capítulo inicial, 'El Evangelio Eterno del Padre', sigue siendo el favorito personal de Baxter.

"Que Dios esté 'a nuestro favor' será un descubrimiento notable y transfor-mador para quienes han crecido cansados bajo el latigazo de una teología que nos impulsa a ¡hacer algo por Dios! Ojalá los pastores sobrecargados pudieran leer este libro antes de predicar otro sermón, y los cristianos sin inspiración pudieran inhalar su fragancia antes de ir a la iglesia."

RAYS. ANDERSON, PH.D.
Ex profesor de Teología y Ministerio, Seminario Teológico Fuller

Libros pequeños de C. Baxter Kruger

La parábola del Dios
danzante

Partiendo de la historia de Jesús sobre un padre y sus dos hijos, el primer libro del Dr. Kruger -y ahora un éxito de ventas internacional- es una breve y poderosa descripción la sorprendente verdad sobre Dios. Lejos de ser un contador legalista, que nos vigila como un halcón para ver si cumplimos sus reglas, el Padre que Jesús nos revela es un Padre apasionado que nos ama para siempre, y no desea nada de nosotros excepto que conozcamos su aceptación y deleite y vivamos en su libertad. Este pequeño libro, utilizado por pastores, terapeutas y grupos de recuperación de todo el mundo, te pone cara a cara con el corazón del Padre. Es sencillo, directo e intrépidamente bello.

"Llevaba 55 años, 11 meses y 16 días intentando hacerlo bien. Es decir, lo intenté con todas mis fuerzas. Eran más de las once de la noche cuando decidí que tenía que leer este librito "La Parábola del Dios danzante" que me había enviado mi yerno. Cuando llegué a la tercera página, me sentí como si me hubieran golpeado en la cara con una sartén de hierro. Me recosté en la almohada, desconcertado, y dije: "Dios, ¿he estado pensando mal toda mi vida?". La respuesta fue un simple y claro: "Sí". Y eso es sólo la punta del iceberg.

JULIAN FAGAN,
Abogado, Amory, Mississippi

El secreto
Lo que sabes pero nunca supiste

Este libro es un verdadero rayo láser que atraviesa labruma de la confusión religiosa. Con el paso de unas pocas páginas verás a Jesucristo, no como un espectador que se limita a observarte desde la distancia, sino como el secreto de tu propia existencia. Llegarás a verte a ti mismo y a tu vida como nunca los has visto.

Sencillo. Claro. Asombroso. Este libro debería ser de lectura obligatoria para todos los occidentales.

Hogar:
El sueño inconsolable

Hogar es una de las palabras más evocadoras e inquietantes de nuestra lengua. Como cualquier otra palabra, no es más que un conjunto de consonantes y vocales, pero tiene la extraña capacidad de decirnos mucho y de tocarnos el alma. ¿Por qué? ¿Qué tiene esta palabra? ¿Por qué parece tener una capacidad tan especial para tocarnos tan profundamente?

Para más informaci6n

Visite: www.perichoresis.org

Allí encontrará multitud de recursos, como acceso gratuito a podcasts, vídeos, diagramas, ensayos y conferencias. También podrá comprar libros y artículos y estar al día de los eventos.

Suscríbase a nuestro boletín y a nuestro canal gratuito de YouTube. Corazones asombrados con el Dr. C. Baxter Kruger y sus amigos.

Si desea pasar algún tiempo en una comunidad en línea y asistir a debates mensuales en directo con el Dr. Kruger, puede suscribirse aquí en Patreon. El canal se llama Across All Worlds.

Patreon - A través de todos los mundos

Escanee este código para acceder al sitio web donde podrá consultar todos los recursos mencionados.

www.perichoresis.org

Y síganos en Redes sociales:

https://www.facebook.com/PerichoresisConnection

https://twitter.com/perichoresismin

https://www.instagram.com/perichoresisconnection/

https://www.youtube.com/channel/UCGVk0Qg4R_vDleIygjLrqPQ